Vorwort

Haben Sie sich schon manchmal Gedanken darüber gemacht, wie man etwas an der Aufbaustruktur des Betriebes, in dem Sie arbeiten bzw. gearbeitet haben, oder wie man etwas an Ihnen bekannten, alltäglichen Arbeitsabläufen verbessern könnte?

Möchten Sie wissen, wie man einen betrieblichen Ist-Zustand entweder vollständig oder in Teilbereichen erfaßt und klar darstellt?

Wollen Sie Arbeitstechniken kennenlernen, mit denen man betriebliche Schwachstellen aufspürt, Soll-Ist-Vergleiche durchführt und Arbeitsvereinfachungen bzw. Rationalisierungen besser erkennt? Wollen Sie einfache Wirtschaftlichkeitsrechnungen selbst erstellen oder Arbeitsabläufe grafisch darstellen können?

Wenn Sie nur eine der obenstehenden Fragen positiv beantworten können, wird Ihnen das vorliegende Buch helfen, künftig schneller und sicherer Lösungen zu den vielfältigen Organisationsproblemen zu finden und zu verwirklichen.

Im Mittelpunkt der Darstellung steht neben der Frage: Was ist das? (zum Beispiel: Was ist eine grafische Arbeitsablaufdarstellung?) vor allem auch die Frage: Wie geht man vor? (zum Beispiel: Wie zeichnet man Arbeitsabläufe grafisch? Wie führt man einen Wirtschaftlichkeitsvergleich durch? etc.) Es geht also um das Erlernen von Arbeitstechniken mit dem Ziel, diese selbständig anzuwenden.

Organisatorische Probleme treten überall auf, an jedem Arbeitsplatz und in jedem Betrieb. Organisation ist deshalb viel zu wichtig, als daß sie nur den speziell dafür ausgebildeten Organisatoren vorbehalten bleiben darf. Jeder Mitarbeiter sollte organisatorische Instrumente kennen, mit denen er Verbesserungen aufzeigen und erfolgreich durchsetzen kann. Dieses Buch wendet sich daher nicht nur an Organisatoren, sondern vor allem auch an Mitarbeiter aus anderen Bereichen wie beispielsweise Rechnungswesen, Personalwesen, Beschaffung, Absatz, EDV, Lagerhaltung usw. Daß die Wichtigkeit der Organisation in wachsendem Maße allgemein anerkannt wird, zeigt auch die Tatsache, daß „Organisationslehre“ neben „EDV“ ein Hauptfach an betriebswirtschaftlichen Fachschulen geworden ist.

Jedes Kapitel dieses Buches ist in drei Teile gegliedert: 1. Problemstellung, 2. Lösung und 3. Lernkontrolle. Die Problemstellung beginnt jeweils mit der Darstellung einiger Situationen aus dem Betriebsalltag. Es folgt die entscheidende Fragestellung, welche dann im Lösungsteil beantwortet wird. Vorab werden jeweils Lernziele genannt, die zur Auswahl des gewünschten Lehrstoffes, zur Orientierung während des Lernens und zur Kontrolle des Gelernten dienen. Der Lösungsteil enthält neben der eigentlichen Vermittlung des Stoffes zahlreiche leichte Übungen und Fallstudien. Und der 3. Abschnitt, die Lernkontrolle, ermöglicht das „Nachhaken“: die hier gestellten Fragen sind mit entsprechenden Seitenzahlen versehen, so daß ohne großes Herumblättern ein schnelles und gezieltes Nachlesen möglich ist. Übungen und Fallstudien werden mit Lösungen angeboten.

Abschließend möchte ich mich für die vielen Anregungen und Hinweise von Fachkollegen bedanken. Dem Leser wünsche ich, daß er Freude am Durcharbeiten dieses Buches hat und daß er die hier erlernten Arbeitstechniken erfolgreich anwenden kann!

Klaus Adams

Inhalt

Vorwort *7*

1 Aufgabe *9*

Wie werden Aufgaben richtig beschrieben? – Nach welchen Gesichtspunkten können Aufgaben gegliedert werden? – Wie fertigt man einen Aufgabengliederungsplan an?

2 Abteilung *25*

Wie zeichnet man einen aussagefähigen Organisationsplan? – Soll man lieber zentralisieren oder eher dezentralisieren? – Wie lassen sich Abteilungen zweckmäßig gliedern? – Wo ordnet man gegebene oder neue Aufgaben ein?

3 Stelle *45*

Nach welchen Grundsätzen werden einem Mitarbeiter Aufgaben sachlich und umfangmäßig richtig zugeordnet? – Wie können einem Mitarbeiter Aufgaben, Verantwortung und Kompetenzen verdeutlicht werden?

4 Arbeitsverteilung *60*

Wie erfaßt man die in einer Abteilung vorkommenden Arbeiten? – Mit welchen Methoden lassen sich Schwächen in der Erfüllung betrieblicher Aufgaben aufdecken?

5 Arbeitsablauf *78*

Wie zeichnet man einen Arbeitsablauf? – Wie kann man verbesserte Arbeitsabläufe entwickeln und im Betrieb durchsetzen?

6 Wirtschaftlichkeit *97*

Was steht in einer Wirtschaftlichkeitsrechnung? – Wie wird ein Wirtschaftlichkeitsvergleich durchgeführt?

7 Ein Organisationsprojekt *104*

Welche Arbeitsschritte gehören zu einem Organisationsprojekt? – Wie verleiht man seinem Verbesserungsvorschlag mehr Durchschlagskraft?

Verzeichnis der Abbildungen *112*

1 Aufgabe

Problemstellung

Fall 1: Wie werden Aufgaben richtig beschrieben?

Sie vertreten Ihren Vorgesetzten. Ein wichtiger Telefonanruf kommt: ein Auftrag wird durchgegeben. Wie sorgen Sie dafür, daß Ihr Vorgesetzter mit einiger Sicherheit *alle erforderlichen Informationen* erhält, ohne daß unnötige Rückfragen notwendig werden?

Fall 2: Nach welchen Gesichtspunkten können Aufgaben gegliedert werden?

Sie werden als Abteilungsleiter des Bereichs „Einkauf" (Verkauf, Rechnungswesen, Personalwesen, Lagerhaltung oder einer beliebigen anderen Abteilung, die Sie kennen) vorgeschlagen, weil Ihre Führungseigenschaften anerkannt werden. Da auch organisatorische Verbesserungen geplant sind, sollen Sie dem Vorstand einige Vorschläge unterbreiten. Dabei machen Sie deutlich, daß Sie nicht nur über Detailkenntnisse in Ihrem eigenen Arbeitsbereich verfügen, sondern auch einen guten Überblick über alle Aufgaben des Ihnen bisher noch übergeordneten Bereichs haben. Es stellt sich heraus, daß Aufgaben *nach verschiedenen Gesichtspunkten* gegliedert werden können.

Fall 3: Wie fertigt man einen Aufgabengliederungsplan an?

Sie sind langjähriger Mitarbeiter der Abteilung Einkauf (Verkauf, Rechnungswesen . . .) in einem kleineren bis mittleren Betrieb. Ständige Anpassungen an veränderte Marktsituationen in den letzten Jahren und eine permanente Ausweitung der Aufgaben haben zu Kompetenzschwierigkeiten geführt. Die Abteilung soll neu geordnet und an die jetzigen Bedürfnisse angepaßt werden. Zur ersten Neuorientierung bekommen Sie den Auftrag, die *Aufgaben Ihrer Abteilung* zunächst einmal in einer Übersicht zusammenzufassen. Das Ergebnis soll ein Aufgabengliederungsplan sein.

Zunächst geht es um die richtige Erfassung und Weitergabe von Informationen. Viel betrieblicher Leerlauf könnte vermieden werden, wenn Aufgaben stets eindeutig formuliert würden. Deshalb gehört die nachfolgend erläuterte Technik auch zum Management-Trainings-Programm von entsprechenden Fachschulen und anderen Ausbildungsstätten.
Im zweiten Fall steht die zweckmäßige Aufgabengliederung im Vordergrund. Die Verteilung der Arbeit auf die Mitarbeiter eines Betriebes ist oft wenig zufriedenstellend, so daß der Arbeitsablauf umständlich und zeitaufwendig ist. Die überkommene Abteilungs- und Aufgabengliederung wird als unumstößlich und „naturgegeben" angesehen, obwohl viele Zufälligkeiten und betriebsbezogene Besonderheiten bei ihrem Entstehen mitgewirkt haben. Wenn Aufgaben umgestellt werden sollen, ist es jedenfalls unbedingt notwendig, sich vorher auf die *Ziele* zu besinnen, die durch die Arbeit in der

vorliegenden Abteilung erreicht werden sollen. Wie aber werden die Ziele eines betreffenden Aufgabenbereichs zweckmäßig formuliert?
Schließlich sollte zur besseren Übersicht und Kontrolle ein Aufgabengliederungsplan erstellt werden. Er bildet die Grundlage für die Beschreibung der Aufgaben je Mitarbeiter (Stellenbeschreibung) und darüberhinaus für den Organisationsplan eines Betriebes mit seinen einzelnen Abteilungen. Wie würden Sie grundsätzlich bei der Bildung oder Änderung einer Abteilung vorgehen? Wir schlagen folgenden Weg vor:

Vorgehensweise bei Bildung oder Änderung einer Abteilung:

1. Ziele festlegen
2. Aufgabengliederungsplan erarbeiten
3. Ausführende Stellen bestimmen
4. Leitende Stellen bestimmen
5. Organisationsplan erstellen
6. Stellenbeschreibungen anfertigen

Lernziel

Nach Durcharbeiten dieses Kapitels sollen Sie künftig Ziele eindeutig festlegen, Aufgaben präzise beschreiben, Aufgaben nach verschiedenen Gesichtspunkten gliedern sowie einen Aufgabengliederungsplan des zu Ihrer Abteilung gehörenden Aufgabenbereichs erstellen und aus dem Gedächtnis wiedergeben können.

Lösung

Wie legt man Ziele eindeutig fest?

Auch wenn Sie nichts mit Lagerhaltung zu tun haben, können Sie sich die Arbeit dort sicher leicht vorstellen. Denken Sie vielleicht an einen Großhandelsbetrieb, einen Einzelhandelsbetrieb oder auch an einen Produktionsbetrieb. Bitte überlegen Sie zunächst einmal, welche Ziele die Lagerhaltung im allgemeinen verfolgt. Schreiben Sie zwei oder drei Ziele auf, die bei der Lagerung von Waren oder Materialien zu beachten sind. Die nachstehenden Leerzeilen sind dafür vorgesehen.

1. Uebersichtlichkeit ____
2. Ordentlich ____
3. ____

Sechs mögliche Ziele der Lagerhaltung sind umseitig zusammengestellt.

Ziele können zu jeder Aufgabe im Betrieb gebildet werden. Um das zu verdeutlichen, sollen ein paar Teilaufgaben der Lagerhaltung betrachtet werden. Welche Aufgaben sind in einem Lager zu erfüllen? Können Sie zwei *Aufgaben* nennen, die in jedem Lager vorkommen?

1. Lagerbuchhalten ____
2. Ein + Ausgabe ____

Die beiden wichtigsten Aufgaben sind zweifellos *Wareneingang* und *Warenausgang.* Die Warenbewegungen müssen darüberhinaus aber auch erfaßt und kontrolliert werden. Um die Vorräte stets rechtzeitig und in ausreichender Menge zur Verfügung zu haben, muß *disponiert* werden. Um Verderb, Verlust usw. zu vermeiden, ist eine *Überwachung* der Bestände notwendig. Die Hauptaufgabe Lagerhaltung kann in vier Aufgabengruppen zerlegt werden: *Wareneingang, Warenausgang, Disposition und Überwachung.* Abb. 1 zeigt diese Aufteilung der Aufgaben.

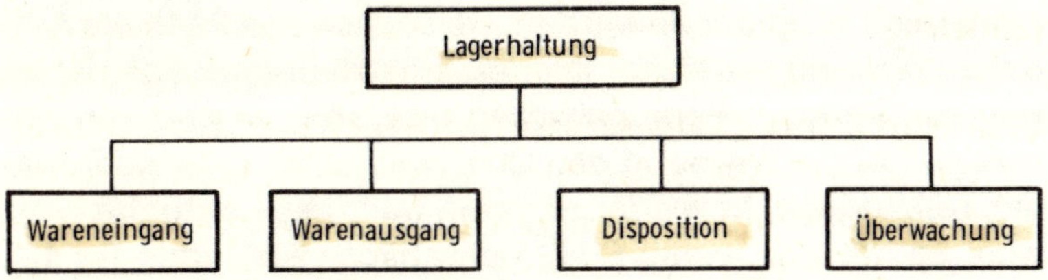

Abb. 1: Die wichtigsten Aufgaben der Lagerhaltung

Ziele der Lagerhaltung

1. Es sollen stets so viele Bestände gehalten werden, daß ein störungsfreier Produktionsablauf (Verkauf) gewährleistet ist *(ständige Lieferbereitschaft).*
2. Es sollen keine überflüssigen Bestände im Lager gehalten werden *(geringstmögliche Kapitalbindung).*
3. Die Qualität der gelagerten Güter soll erhalten bleiben (u. U. auch verbessert oder so wenig wie möglich gemindert werden; *optimale Lagerqualität).*
4. Wareneingang und -ausgang sollen so schnell wie möglich abgewickelt werden können *(zeitlich optimale Abwicklung).*
5. Bestellungen sollen rechtzeitig unter Beachtung der Lieferzeiten erfolgen *(rechtzeitige Bestellung).*
6. Alle notwendigen Informationen von und zum Lager sollen möglichst rasch übertragen werden *(flüssiger Informationsaustausch).*

Man kann noch einen Schritt weitergehen. Abbildung 1 ist nämlich noch nicht sehr aussagefähig. Welche *Einzelaufgaben* sind zum Beispiel zum „Wareneingang" zu erledigen? Um das zu erfahren, *müssen wir die Teilaufgaben der Abb. 1 jeweils noch weiter zerlegen.* Abb. 2 zeigt, aus welchen Einzelaufgaben beispielsweise die Teilaufgabe „Disposition" besteht.

Man könnte das Spiel noch weiterführen und die Einzelaufgaben in Tätigkeitsgruppen und später in einzelne Tätigkeiten aufteilen. Grundsätzlich sollte eine Aufgabe solange zerlegt werden, bis Klarheit über Art und Umfang der Aufgabe besteht.

Neben der Lagerhaltung gibt es, wie Sie wissen, noch andere *Hauptaufgaben im Betrieb,* zum Beispiel: Einkauf, Verkauf, Rechnungswesen usw. Eine allen Hauptaufgaben übergeordnete *betriebliche Gesamtaufgabe* kennzeichnet die Art der Arbeitsleistung des Gesamtbetriebes. Alle betrieblichen Aufgaben lassen sich also in einer Aufgabenhierarchie erfassen. Abb. 3 zeigt einen Ausschnitt aus der vierstufigen *Aufgabenhierarchie* eines Betriebes. Die gewählten Bezeichnungen Gesamtaufgabe, Hauptaufgaben, Teilaufgaben, Elementaraufgaben können durch eine Numerierung der Stufen ersetzt werden. Man gewinnt dann Aufgaben 1., 2., 3. usw. Ordnung.

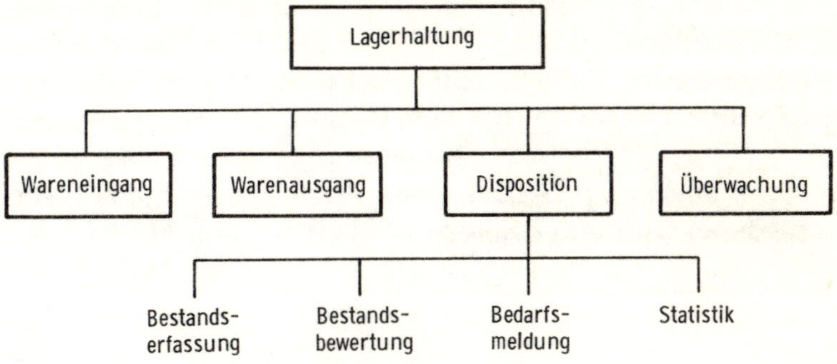

Abb. 2: Zerlegung der Teilaufgabe „Disposition" in Einzelaufgaben

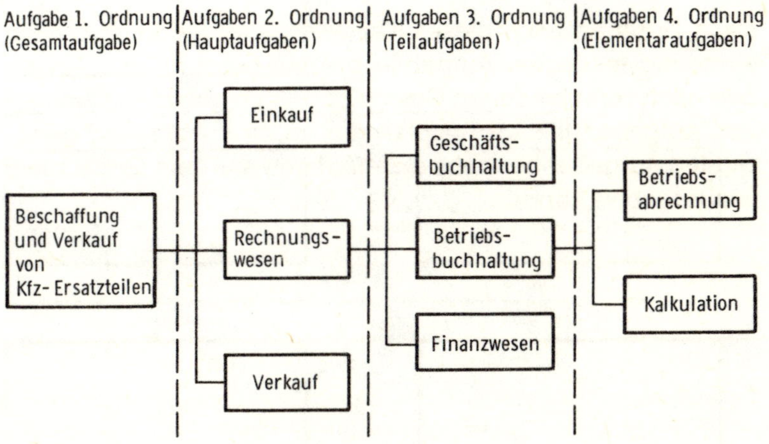

Abb. 3: Ausschnitt aus einer vierstufigen Aufgabenhierarchie eines Kfz-Betriebes

Die *Aufgabe 1. Ordnung* („Gesamtaufgabe“) umfaßt die von dem Betrieb insgesamt zu erbringende Arbeitsleistung. *Aufgaben 2. Ordnung* („Hauptaufgaben“) sind größere Aufgabengruppen innerhalb der betrieblichen Gesamtaufgabe. Bei *Aufgaben 3. Ordnung* („Teilaufgaben“) handelt es sich um kleinere Aufgabengruppen innerhalb der jeweiligen Hauptaufgabe. *Aufgaben 4. Ordnung* (hier „Elementaraufgaben“ genannt) schließlich sind Einzelaufgaben innerhalb der jeweiligen Teilaufgabe.
Nicht nur die betriebliche Gesamtaufgabe ist je nach Art des Betriebes verschieden, sondern auch die Art der Aufteilung der einzelnen Aufgaben. So werden sich beispielsweise die *Hauptaufgaben* eines Produktionsbetriebes von denen eines Dienstleistungsbetriebes unterscheiden. Innerhalb der Produktions- oder Dienstleistungsbetriebe gibt es wiederum große Differenzen. So sind zum Beispiel die Hauptaufgaben eines *Transportunternehmens* wesentlich anders als etwa die einer *Film-Verleih-Gesellschaft*. Auch die Aufgaben verschiedener Ordnung können natürlich nicht für alle Betriebe einheitlich vorgegeben werden. Beispielsweise kann die Aufgabe *Werbung* bei einem Betrieb eine Hauptaufgabe neben Einkauf, Verkauf, Personalwesen usw. sein. In anderen Betrieben hat die Werbung den Charakter einer untergeordneten Teilaufgabe, in wieder anderen fällt diese Aufgabe ganz weg. Es hat also wenig Sinn, betriebliche Aufgaben für alle Betriebe allgemeinverbindlich abzugrenzen. Die obenstehenden Definitionen der Aufgaben verschiedener Ordnung sind daher nur als grobe Anhaltspunkte anzusehen, nach denen betriebliche Aufgaben eingeordnet werden können.

Aufgabe

Bilden Sie nach dem Muster von Abb. 3 ein Beispiel einer ebenfalls verkürzten Aufgabenhierarchie aus dem Bereich, in dem Sie arbeiten bzw. gearbeitet haben. Benutzen Sie dazu Abb. 4 und füllen Sie die Kästchen entsprechend aus!

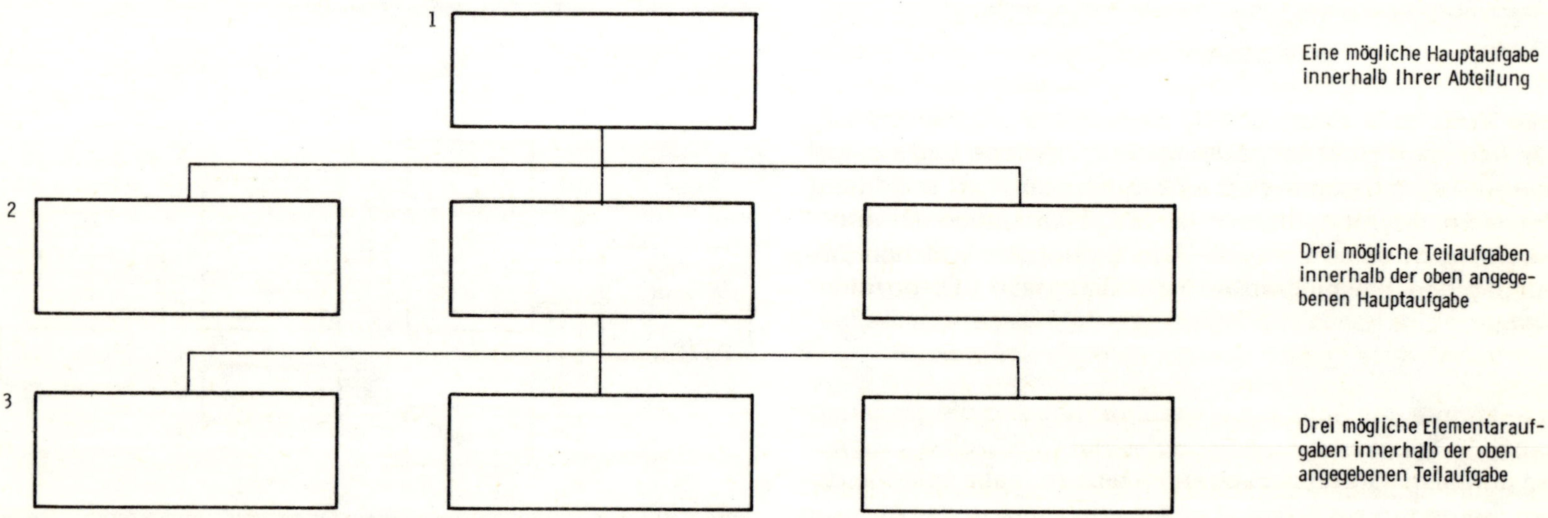

Abb. 4: Aufgabenhierarchie (ausschnittweise)

Wenn Sie Ihre Aufgaben im Betrieb selbständiger und zielbewußter durchführen wollen, dann sollten Sie folgendermaßen vorgehen:

1. Erfassen Sie den Aufgabenbereich, der Ihnen in Ihrem Betrieb zugeordnet ist (ggf. auch mehrere Bereiche), und gliedern Sie diesen in eine (ggf. in mehrere) mindestens dreistufige Hierarchie(n).
2. Nachdem Sie sich auf diese Weise Klarheit über Ihr Aufgabengebiet, d. h. über Art und Umfang der durchzuführenden Arbeiten verschafft haben, *ordnen Sie jeder der genannten Aufgaben ein (bzw. mehrere) Ziel(e) zu,* welche(s) Sie bei der Erfüllung der Aufgaben beachten müssen.
3. *„Operationalisieren" Sie jetzt Ihre Ziele!* Je klarer und eindeutiger die Ziele formuliert werden, umso zielgerichteter wird Ihre Arbeit im Betrieb. Was operationale Ziele sind und wie man von allgemeinen zu operationalen Zielen gelangt, wollen wir im Folgenden erklären.

Läßt sich zum Beispiel *das Ziel „optimale Lagerqualität"* noch genauer fassen, *so daß derjenige, der für die Erreichung oder Wahrung dieses Zieles zuständig ist, genau weiß, wann das Ziel verwirklicht und wann es nicht verwirklicht worden ist?* Ideal wäre es, wenn keine Ware verdirbt oder verloren geht. Häufig nimmt man jedoch einen gewissen Spielraum in Kauf. Maßnahmen werden erst dann ergriffen, wenn je Monat zum Beispiel mehr als 30 von 10000 Stück ausfallen (die Zahl ist selbstverständlich je nach Art des Betriebes verschieden). Man könnte somit einen *Grenzwert* von beispielsweise 0,3% Ausschuß (verloren, beschädigt, verdorben etc.) annehmen. Das wäre der Prozentsatz, der als erstrebenswert bzw. noch als angemessen angesehen wird. Ein Erfolg könnte es dann sein, wenn der Ausschuß von 0,8% auf 0,3% gesenkt wurde. Der Erfolg wird somit meßbar. Das Kriterium, ab wann Maßnahmen einzuleiten sind, weil der Grenzwert überschritten worden ist, ist eindeutig festgelegt. Das vorher noch allgemein formulierte Ziel ist operationalisiert worden.

Das Gleiche läßt sich auch für die anderen Ziele durchführen. Das Ziel *„geringstmögliche Kapitalbindung"* ist in dieser allgemeinen Form nicht operational. Erst wenn das Ziel lautet: „Es sollen nicht mehr als 500000 DM Kapital gebunden sein" oder „Das in der Ware gebundene Kapital soll innerhalb eines Vierteljahres von 500000 auf 480000 DM gesenkt werden«, wird es operationalisierbar. Was sind also operationale Ziele?

Operationale Ziele sind eindeutig formulierte Ziele, sie *enthalten Grenzwerte (Soll-Vorgaben),* deren Überschreitung Maßnahmen zur Lösung aufgetretener Probleme einleiten. Der Mitarbeiter kann sich an den Grenzwerten orientieren. Reaktionen auf Änderungen erfolgen in der Regel schneller als sonst. Operationale Ziele enthalten *meßbare Mengen-, Wert- und/oder Zeitangaben.* Ausgewählte Beispiele für mögliche operationale Ziele enthält Abb. 5.

Aufgabe

Bilden Sie für Ihren Arbeitsbereich vier typische, allgemein formulierte Ziele und stellen Sie ihnen je ein operationales Ziel gegenüber! (Wenn Sie Ziele in operationale Ziele umformen, hilft Ihnen oft die Frage, unter welchen Umständen das betreffende Ziel als nicht erreicht bezeichnet werden müßte.) Schreiben Sie die Ziele entsprechend in die untenstehenden Leerzeilen hinein.

1. a) Allgemeines Ziel: ______________________

   b) Operationales Ziel: ______________________

   ____

2. a) Allgemeines Ziel: ______________________

   b) Operationales Ziel: ______________________

   ____

3. a) Allgemeines Ziel: ______________________

   b) Operationales Ziel: ______________________

   ____

4. a) Allgemeines Ziel: ______________________

   b) Operationales Ziel: ______________________

   ____

Die Vorteile operationaler Ziele liegen auf der Hand:

- Die Arbeit wird zielstrebiger.
- Der Erfolg wird meßbar.
- Es entstehen weniger Mißverständnisse.
- Die Arbeit kann selbständig kontrolliert werden.
- Die Reaktionen auf Störungen erfolgen schneller.

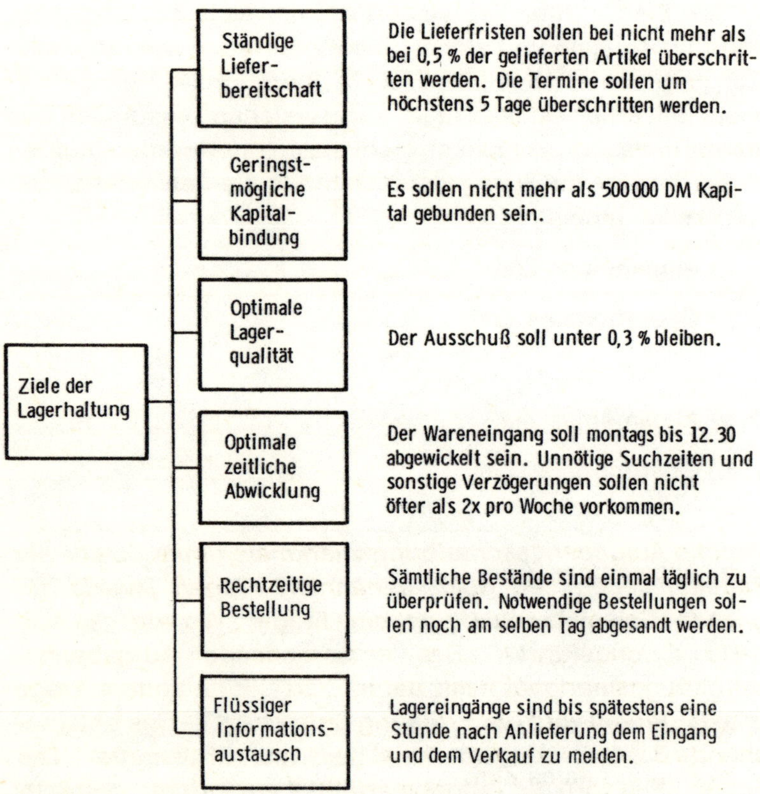

Abb. 5: Beispiele für mögliche operationale Ziele

Nachteilig könnten operationale Ziele wirken, wenn das Erreichen der Ziele bei falsch verstandener Anwendung zum Zwang wird. Das gilt besonders dann, wenn versucht wird, Ziele unter allen Umständen zu verwirklichen. Es ist zu bedenken, daß bestimmte Umstände entweder inzwischen eingetreten sind oder vorher nicht gesehen wurden, so daß eine *Abweichung der Ergebnisse (Ist) von den gesetzten Zielen (Soll)* nicht unbedingt auf falsche Handlungen, sondern auf falsche Ziele zurückzuführen ist. Ziele sollten daher realistisch gesetzt und regelmäßig kontrolliert werden.
Ein anderer Nachteil könnte darin liegen, daß Ziele, die sich nicht oder nur schwer operationalisieren lassen (wie zum Beispiel persönliche Zufriedenheit, gute Beziehungen zu Mitarbeitern etc.) vernachlässigt werden. Wann ist man unter Einbeziehung aller notwendigen Umstände noch zufrieden, ab wann beginnt die Unzufriedenheit? Immerhin bietet sich hier die Möglichkeit, nicht operationalisierbare Ziele (also etwa ein höherer Grad der *Zufriedenheit,* vielleicht ein interessanteres *Arbeitsgebiet,* eine größere *Verantwortung,* mehr *Selbständigkeit,* mehr *Wissen* usw.) indirekt durch entsprechende Auswahl und Formulierung operationaler Ziele zu berücksichtigen.

Die Diskussion über operationale Ziele hat gezeigt, welch große Bedeutung diese Ziele bei richtiger Anwendung trotz gewisser Einschränkungen für die betriebliche Arbeit haben. Wenn Sie ebenfalls zu dieser Überzeugung gekommen sind, dann wäre es einen Versuch Wert, die Ziele, die Ihren Aufgaben zugrundeliegen, bewußt zu machen und so eindeutig wie möglich (schriftlich) zu formulieren.
Auch die nächste Frage hat für den betrieblichen Arbeitsalltag eine unmittelbar praktische Bedeutung:

Wie können Aufgaben richtig beschrieben werden?

Angenommen, Sie sind Vorgesetzter und erteilen einer Ihrer untergeordneten Stellen eine Weisung. Welche Angaben muß die betreffende Stelle erhalten, um Ihren Auftrag in der gewünschten Form durchführen zu können? Durch eine entsprechende Formulierung soll von vornherein die Gefahr ausgeschlossen werden, daß diese Weisung falsch interpretiert wird.
Um Aufgaben korrekt zu beschreiben, bedient man sich der sogenannten „W-Fragewörter". Dabei hat sich herausgestellt, daß Aufgaben erst dann vollständig beschrieben sind, wenn man sie durch mindestens sieben Fragen erfaßt. Die Fragen beginnen mit folgenden *W-Fragewörtern: Wer, Wie, Woran, Womit, Wo, Wann und Wie lange.*

Aufgabe

Versuchen Sie selbst, nebenstehende Tabelle zu vervollständigen, indem Sie die entsprechenden Fragesätze (mit Bleistift) eintragen. Lassen Sie daneben die Spalte mit den Beschreibungsmerkmalen vorerst noch frei. Wenn Sie Schwierigkeiten haben, gehen Sie zur unmittelbar folgenden Lösung über!

Fragen	Beschreibungsmerkmale
Wer erfüllt die Aufgabe?	Aufgabenträger
Woran	
Wie	
Womit	
Wo	
Wann	
Wie lange	

Lösung

Vergleichen Sie Ihre Eintragungen mit der Lösung und ergänzen bzw. ändern Sie gegebenenfalls die Tabelle! Woran (an welchem Objekt) wird die Arbeitsleistung bewirkt? Wie wird die Aufgabe erfüllt? Womit wird die Erfüllung unterstützt? Wo wird die Aufgabe durchgeführt? Wann wird die Aufgabe durchgeführt? Wie lange dauert die Arbeit?

Welche Aufgabenbeschreibungsmerkmale (linke Spalte der Tabelle) liegen den oben genannten Fragen jeweils zugrunde? Beispielsweise lautet eine Frage: „Wo wird die Aufgabe durchgeführt?" Das entsprechende Aufgabenbeschreibungsmerkmal heißt dann: „Ort". Eine andere Frage lautet: „Womit wird die Erfüllung unterstützt?" Das entsprechende Beschreibungsmerkmal heißt hier: „Hilfsmittel". Der Frage: „Wie wird die Aufgabe erfüllt?" entspricht: „Verrichtung" usw.

Zusatzaufgabe

Vielleicht gelingt es Ihnen, die obenstehende Tabelle nunmehr zu ergänzen. Probieren Sie es! Sicher finden Sie auch die passenden Begriffe für die restlichen Felder. Falls das nicht der Fall sein sollte, können Sie sich der nachfolgenden Lösung bedienen.

Lösung

Wenn Sie die Tabelle noch nicht vollständig ausgefüllt haben, sollten Sie das jetzt nachholen, damit Sie die Übersicht komplett haben, denn es kann sein, daß Sie später einmal nachschlagen wollen. Die Merkmale lauten der Reihe nach: Aufgabenträger, Objekt, Verrichtung, Hilfsmittel, Ort und Zeit.

Was ist nun mit den einzelnen „Aufgabenbeschreibungsmerkmalen" gemeint? *Die folgende Zusammenstellung zeigt, worauf sich die Merkmale jeweils beziehen können:*

- *Aufgabenträger:* Stelle, Abteilung, Team, Ausschuß etc.
  Beispiele: Leiter Rechnungswesen, Personalabteilung, Geschäftsführer, EDV-Projektgruppe
- *Objekt:* zu bearbeitender Gegenstand
  Beispiele: Ware, Kunden, Lieferanten, Zahlungseingänge, Post, Aufträge, Bericht, Rechnungen
- *Verrichtung:* Tätigkeit
  Beispiele: Buchen der Zahlungseingänge, Beantworten der Post, Besprechung mit Direktor, Telefonat mit Bank, Bericht erstellen, Bearbeiten der Aufträge, Rechnungen schreiben
- *Hilfsmittel:* a) Formulare, Unterlagen, Karteien, Arbeitsrichtlinien etc.
  Beispiele: Rechnungsformulare, Finanzplan, Auftragsschein, Materialschein, Kundenkartei, Artikelkartei
  b) Maschinen, Geräte, Anlagen etc.
  Beispiele: Buchungsgeräte, Rechen- und Schreibmaschinen, Kopiergeräte, Telefon, Diktafon, Kartenlocher
- *Ort:* Stelle, Platz, Raum, Gebäude, Stadt etc.
- *Zeit:* a) Anfangs- oder Endzeitpunkt, b) Dauer.

Nicht immer muß eine Aufgabe vollständig beschrieben werden, weil oft einzelne Angaben als bekannt und damit als selbstverständlich vorausgesetzt werden können. In anderen Fällen wiederum reicht der oben wiedergegebene Fragenkatalog noch nicht aus. *Zusätzliche Merkmale* wie Menge (*Wieviel* Mengeneinheiten sind zu erstellen?), Grund der Aufgabe (*Warum* ist die Aufgabe zu erfüllen?) oder Bezug (*Woraufhin* wird die Aufgabe erfüllt?) können mitunter sinnvoll oder notwendig sein.

Beispiel 1
Aufgabe: Rechnungen schreiben

Objekt: Rechnungsdaten
Verrichtung(en): Schreiben, rechnen
Hilfsmittel: a) Formulare: Auftragsformular, Kundenkartei, Rechnungsformulare
b) Maschinen: Fakturiermaschine
Zeit: a) täglich unregelmäßig zwischen 8.00 und 16.30 Uhr
b) Dauer pro Rechnung: 3 Minuten
Ort: Büro
Aufgabenträger: Fakturistin A

Beispiel 2
Aufgabe: Lochkarten erstellen (Auftragskarten)

Objekt: Auftragskarten
Verrichtung(en): Eintippen (Lochen)
Hilfsmittel: a) Formulare: Auftragsscheine
b) Maschinen: Kartenlocher
Zeit: a) täglich von 14.00–16.30 Uhr
b) Dauer pro 100 Karten ca. 1 Stunde
Ort: Kartenraum
Menge: Zwischen 180 und 260 Karten täglich
Aufgabenträger: Locherin B

Beispiel 3
Aufgabe: Umsatzstatistik berechnen

Objekt: Umsätze
Verrichtung(en): ermitteln (zusammenstellen, berechnen, eintragen)
Hilfsmittel: a) Formulare: Umsatzlisten, Statistikformular
b) Gerät: Rechenmaschine
Zeit: a) Beginn: am nächsten Tag, 8.00 Uhr
b) Dauer: 2 Stunden
Ort: Arbeitsplatz von Sachbearbeiter C
Aufgabenträger: Sachbearbeiter C

Nicht jede Aufgabe läßt sich ohne weiteres anhand der oben genannten Merkmale eindeutig beschreiben. *Global gestellte Aufgaben wie Verkauf, Buchhaltung, Lagerung usw.* müssen erst in kleinere Aufgaben bzw. Aufgabenteile zerlegt werden. Das Gliedern in immer kleinere Einheiten muß solange fortgesetzt werden, bis die Teile schließlich mit Hilfe der Aufgabenbeschreibungsmerkmale eindeutig fixiert werden können. Mitunter ist eine *Klarstellung erst dann möglich, wenn auf jede einzelne Tätigkeit* der Aufgabe jeweils getrennt die oben genannten *Beschreibungsmerkmale angewandt werden.* Beispiel 4 macht das deutlich:

Beispiel 4:
Aufgabe: Bilderrahmen erstellen

Diese Aufgabe muß in sechs Einzeltätigkeiten (Verrichtungen) zerlegt werden, wenn sie ganz präzise beschrieben werden soll. Verrichtungen, Objekte und Hilfsmittel der einzelnen Tätigkeiten sind dabei:

Verrichtungen	*Objekte*	*Hilfsmittel*
ausmessen	Bild	Zollstock
beschaffen	Material	Auto
zuschneiden	Leisten	Säge, Gehrungslade
zusammenfügen	Leisten	Leim, Gehrungsklammern
schleifen	Rahmen	Sandpapier
streichen	Rahmen	Farbe, Pinsel

Schon an dieser einfachen Aufgabe läßt sich erkennen, daß es sinnvoll sein kann, *Aufgaben* vorher in der oben beschriebenen Weise zu *fixieren* (zu planen), um die entsprechenden Objekte und Hilfsmittel rechtzeitig beschaffen bzw. bereitstellen zu können und *um zu vermeiden, daß der Arbeitsfluß während der Durchführung der Aufgabe durch Transporte, Rückfragen etc. ständig unterbrochen wird.* In vielen Fällen allerdings wird es ausreichen, wenn größere Tätigkeitskomplexe nicht weiter aufgeteilt, sondern als Gesamtheit lediglich grob umrissen werden. Selbstverständliche und allseits bekannte Angaben brauchen nicht näher beschrieben zu werden. Die Entscheidung, wie man verfährt, richtet sich nach der gerade vorliegenden Aufgabe und dem jeweils gewünschten Detaillierungsgrad.

Aufgabe

Beschreiben Sie nun selbst eine kleine Aufgabe. Stellen Sie sich beispielsweise vor, Sie erteilen einem neuen Mitarbeiter einen Auftrag. Der Mitarbeiter kennt die Aufgabe noch nicht richtig. Gehen Sie der Reihe nach alle W-Fragewörter durch und geben Sie ihm die Informationen, von denen Sie glauben, daß er sie brauchen könnte. (Im Zweifel lieber eine Information mehr, das erspart Rückfragen!) Selbstverständliches lassen Sie weg, indem Sie die betreffende Zeile überspringen:

W-Fragen	Merkmale	Antworten
1. Wer?	Aufgabenträger	
2. Woran?	Objekt(e)	
3. Wie?	Verrichtung(en)	
4. Womit?	Hilfsmittel a) Formular(e) b) Gerät(e)	
5. Wo?	Ort	
6. Wann?	Zeit a) Beginn:	
7. Wie lange?	Zeit b) Dauer	

Nach welchen Gesichtspunkten kann man eine Aufgabe unterteilen?

Nehmen Sie beispielsweise die Aufgabe „Disposition", die Sie als Teilaufgabe der Lagerhaltung schon kennengelernt haben. In Abb. 1 wurde diese Aufgabe *nach Verrichtungen* gegliedert, die zu ihrer Erfüllung notwendig sind. Zur Disposition in einem Produktionsbetrieb müssen die Lagerbestände erfaßt, bewertet, gemeldet und nachträglich in ihrer Entwicklung zahlenmäßig ausgewertet werden. Es ergeben sich also vier Gruppen von Verrichtungen: Bestandserfassung, Bestandsbewertung, Bedarfsmeldung und Statistik. Abb. 6 gibt diesen Sachverhalt noch einmal wieder.

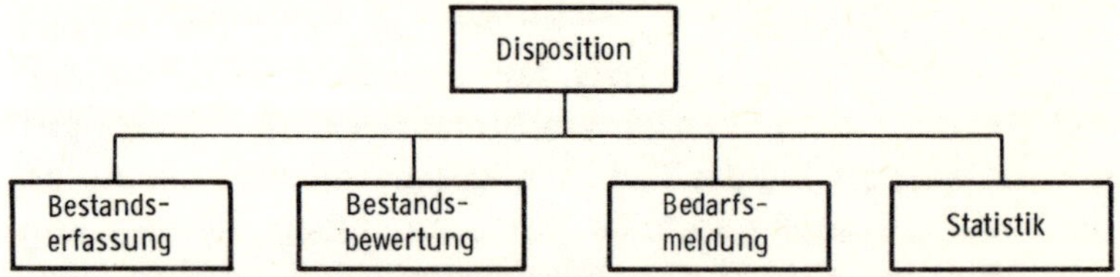

Abb. 6: Verrichtungsgliederung der Teilaufgabe „Disposition"

Nach welchen anderen Gesichtspunkten könnte man die Aufgabe noch gliedern? Wenn Sie einmal an die verschiedenen zu lagernden Gegenstände denken, die man vielleicht zu Gruppen zusammenfassen kann, dann haben Sie bereits das zweite Gliederungsmerkmal: *verschiedene Objekte.* Lagerbestände können beispielsweise nach Rohstoffen, Hilfs- und Betriebsstoffen sowie Fertigfabrikaten gegliedert werden. Abb. 7 stellt diese Möglichkeit der Unterteilung grafisch dar.

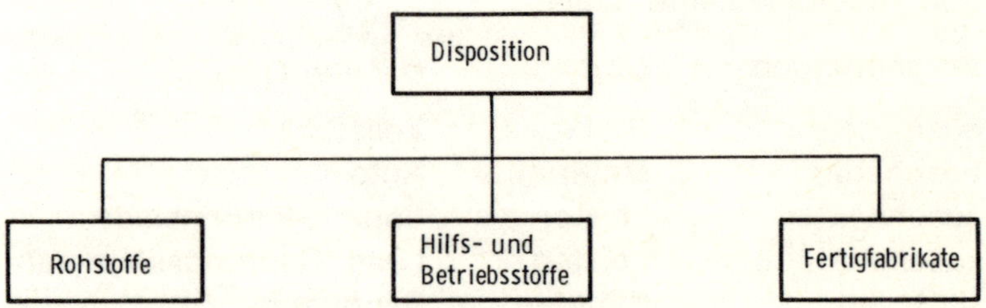

Abb. 7: Objektgliederung der Teilaufgabe „Disposition"

Objekt und Verrichtung sind nicht die einzigen Merkmale, nach denen eine Aufgabe aufgeteilt werden kann. In Frage kommen noch Ort (verschiedene Arbeitsstätten), Phase (Planung, Durchführung, Kontrolle), Rang (Entscheidung, Ausführung) sowie Zweckbeziehung (unmittelbare Aufgaben und Verwaltungsaufgaben):

Ort

Dieses Gliederungsmerkmal ist ebenso wie die Merkmale Verrichtung und Objekt schon aus dem Abschnitt über die Aufgabenbeschreibungsmerkmale bekannt. Wenn die Lagerhaltung des Produktionsbetriebes in zwei *räumlich voneinander getrennten Werken* erfolgt, dann kommt auch eine entsprechend räumlich bedingte Gliederung der Aufgabe „Disposition" in Betracht (Abb. 8).

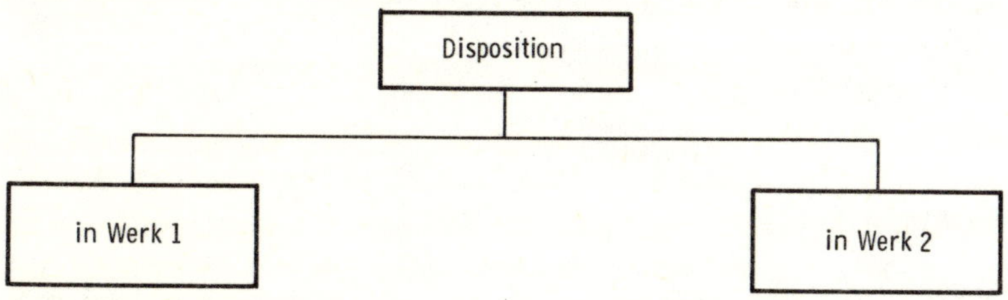

Abb. 8: Gliederungsmerkmal „Ort"

Phase

Dieses Gliederungsmerkmal ist neu. Es kann dann angewendet werden, wenn sich die Verrichtungen (Tätigkeiten oder Tätigkeitsgruppen) in *eindeutige zeitliche Reihenfolgen* bringen lassen. Jede Aufgabe kann in drei Phasen gegliedert werden: in die *Planungs-, Durchführungs- und Kontrollphase.* Bei der Aufgabe „Disposition" könnte die Planungsphase im Festlegen der langfristigen Bestandsentwicklung für die einzelnen Artikel bestehen. Die nachfolgende Durchführungsphase beinhaltet dann das kurzfristige Disponieren nach dem jeweiligen Tages- oder Wochenbedarf. Die Kontrollphase bezieht sich schließlich auf den Soll-Ist-Vergleich: geplante und tatsächliche Bestandsentwicklung werden verglichen, bei Abweichungen werden entsprechende Maßnahmen eingeleitet. Abb. 9 verdeutlicht die Phasengliederung der Aufgabe „Disposition" grafisch.

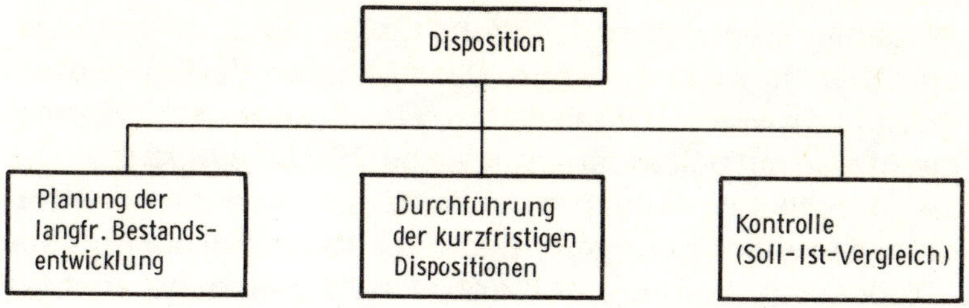

Abb. 9: Gliederungsmerkmal „Phase"

Rang

Auch das Merkmal Rang ist neu: Innerhalb einer Aufgabe können Aufgabenteile beispielsweise dem Abteilungsleiter zugeordnet werden. Andere Aufgabenteile derselben Aufgabe werden einem (oder mehreren) untergeordneten Sachbearbeiter(n) zugewiesen. Im ersten Fall wird es sich um *Leitungsfunktionen* handeln: der Abteilungsleiter behält sich wichtige Entscheidungen vor, er steckt den Rahmen ab usw. Im zweiten Fall werden es *Ausführungsfunktionen* sein: der Sachbearbeiter nimmt Dispositionen innerhalb des vorgegebenen Rahmens vor. Abb. 10 weist das Gliederungsmerkmal „Rang" aus.

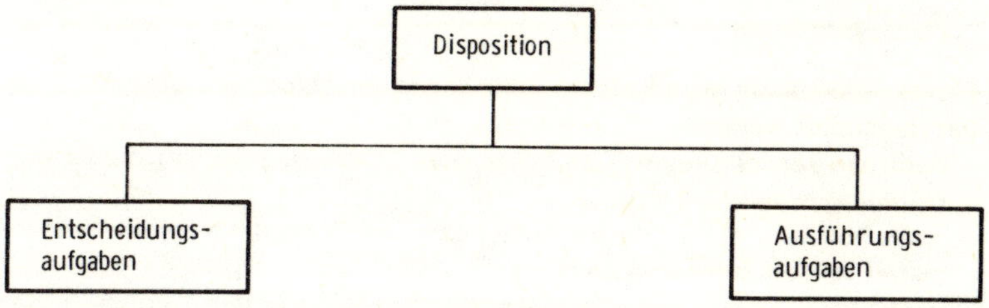

Abb. 10: Gliederungsmerkmal „Rang"

Zweckbeziehung

Das sechste und letzte Gliederungsmerkmal wurde als Beschreibungsmerkmal ebenfalls nicht verwendet. Im allgemeinen gelten als *unmittelbare Aufgaben (Primäraufgaben)* eines Produktionsbetriebes die Aufgaben Einkauf, Fertigung, Lagerung, Verkauf, Forschung und Entwicklung. *Mittelbare Aufgaben (Sekundäraufgaben)* dagegen sind Verwaltungsaufgaben im weiteren Sinne. Dazu gehören Personalwesen, Rechnungswesen, Organisation, Finanzwesen etc. Mitunter meint man mit Sekundäraufgaben auch solche Aufgaben, die zur eigentlichen Aufgabenerfüllung nicht unmittelbar erforderlich bzw. von geringerer Bedeutung sind. Bei der Aufgabe „Disposition" könnte dies die an sich zwar wichtige, aber gegenüber der Bestandserfassung sekundäre Aufgabe „Statistik" sein (Abb. 11).

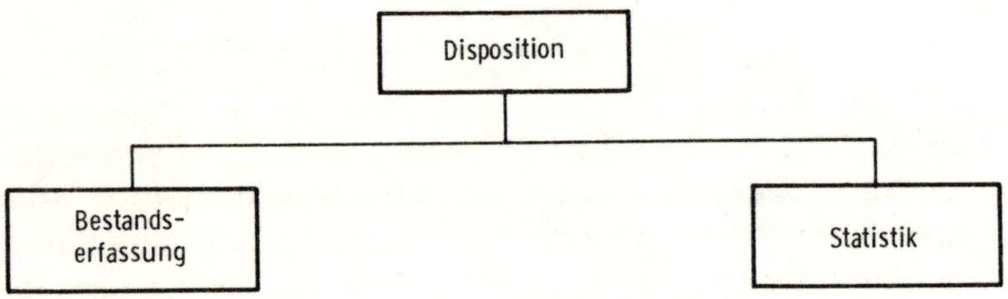

Abb. 11: Gliederungsmerkmal „Zweckbeziehung"

Zusammenfassung

Eine Aufgabe kann grundsätzlich nach sechs verschiedenen Gesichtspunkten gegliedert werden:
- nach den Verrichtungen (Tätigkeiten oder Tätigkeitsgruppen), die zu ihrer Erfüllung notwendig sind;
- nach Objekten, soweit die Verrichtungen einer Aufgabe an mehreren Objekten vorgenommen werden;
- nach Orten, soweit mehrere Plätze für die Erfüllung der Aufgabe in Betracht kommen;
- nach Phasen, wenn man die Verrichtungen der Aufgabe nach einer eindeutigen zeitlichen Reihenfolge gliedern kann;
- nach Rangstufen, soweit Aufgabenteile einer übergeordneten Stelle (bzw. mehreren übergeordneten Stellen) und andere Aufgabenteile einer untergeordneten Stelle (bzw. mehreren untergeordneten Stellen) zugeordnet werden können; und schließlich
- nach der Zweckbeziehung, wenn man einige Aufgabenteile als unmittelbare Aufgaben (Primäraufgaben) und andere Aufgabenteile wiederum als mittelbare Aufgaben (Sekundäraufgaben = Verwaltungsaufgaben) anerkennt.

Die letzte Frage dieses Kapitels beschäftigt sich mit dem *Aufgabengliederungsplan.* Bevor wir jedoch darauf näher eingehen, sollen Sie Ihr neu erworbenes Wissen anwenden und bei einigen Übungsaufgaben auf die Probe stellen. Die Lösungen zu den fünf folgenden Aufgaben finden Sie im Anschluß an die fünf Aufgabentexte. Mehr Spaß macht es Ihnen sicher, wenn Sie die Lösung nicht sofort nachlesen, sondern erst einmal wenigstens ein oder zwei Aufgaben selbständig zu lösen versuchen.

Aufgabe 1

Auch wenn Sie vielleicht noch kein Haus gebaut haben, haben Sie sicher schon einmal daran gedacht oder bei Freunden mitgeplant. Versuchen Sie einmal, die Aufgabe „Haus bauen" nach folgendem Schema zu gliedern (je Zeile mindestens zwei Begriffe!):

Gliederung nach Objekt: ______________________

Gliederung nach Verrichtung: ______________________

Gliederung nach Phase: ______________________

Gliederung nach Ort: ______________________

Gliederung nach Zweckbeziehung: ______________________

Gliederung nach Rang: ______________________

Aufgabe 2

Wie wäre es mit einer Aufgabe zu einem Betrieb, der Küchenmöbel herstellt? Notieren Sie je Zeile mindestens zwei Aufgaben nach den untenstehenden Gliederungskriterien.
„Herstellung von Küchenmöbeln" kann gegliedert werden nach:

Objekt: ______

Verrichtung: ______

Phase: ______

Ort: ______

Zweckbeziehung: ______

Rang: ______

Aufgabe 3

Entscheiden Sie, ob folgende Aufgaben unmittelbare (1) oder mittelbare (2) Aufgaben sind und setzen Sie hinter die jeweilige Aufgabe die entsprechende Zahl:

Verkauf	( )	Marktforschung	( )
Fertigungsvorbereitung	( )	Forschung	
Geschäftsbuchhaltung	( )	und Entwicklung	( )
Werbung	( )	Organisation	( )
Finanzen	( )	Betriebsbuchhaltung	( )

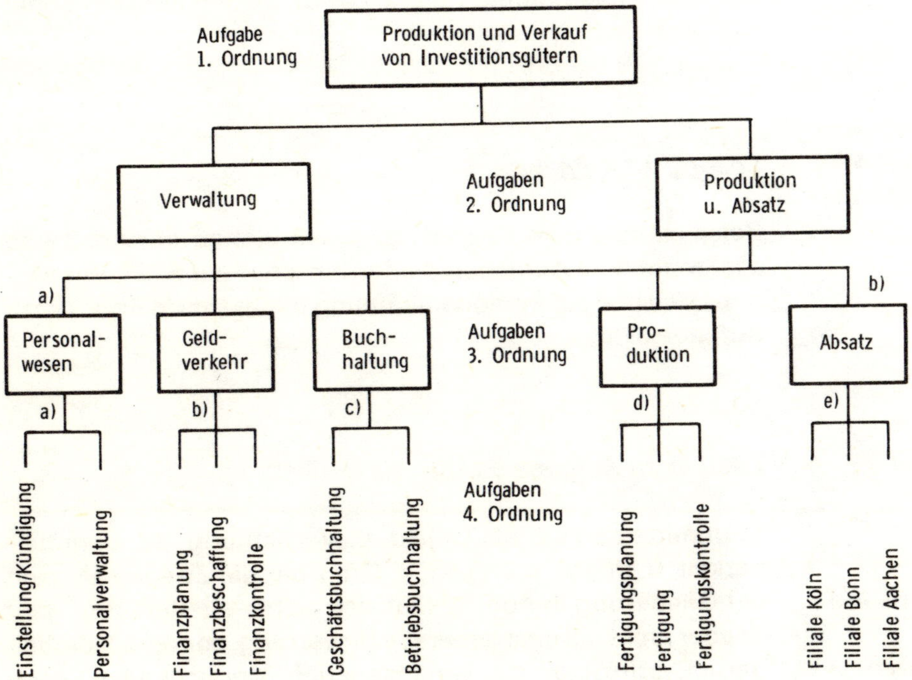

Abb. 12: Anwendung verschiedener Gliederungsmerkmale innerhalb einer Aufgabenhierarchie

Gliederungsmerkmal:

1. ______

2. a: ______

b: ______

3. a: ______

b: ______

c: ______

d: ______

e: ______

Aufgabe 4

Wenden Sie auf die Hauptaufgabe der Abteilung, in der Sie gearbeitet haben (arbeiten, voraussichtlich arbeiten werden), ein Gliederungsmerkmal an und formulieren Sie zu dieser Hauptaufgabe mindestens zwei wichtige Teilaufgaben.

Hauptaufgabe: ______________________________

Teilaufgaben: ______________________________

____

____

____

Angewendetes Gliederungsmerkmal: ______________________________

____

Aufgabe 5

Zeigen Sie an der Gliederung auf S. 21 (Abb. 12), nach welchem Kriterium die Aufgaben je Ebene aufgeteilt worden sind und notieren Sie das Gliederungsmerkmal jeweils am rechten Rand der Übersicht.

Lösungsvorschlag zu Aufgabe 1

Gliederung nach
Objekt: Keller, Erdgeschoß, Dach bauen
Verrichtung: mauern, verputzen, installieren . . .
Phase: Vorbereitungsarbeiten, Ausführungsarbeiten
Ort: Architekturbüro, Baustelle
Zweckbeziehung: Baustoffe beschaffen (unmittelbare Aufgabe),
Baustoffbeschaffung abrechnen (mittelbare Aufgabe)
Rang: Maurer disponieren, Wände mauern

Lösungsvorschlag zu Aufgabe 2

Phase: Planung (Zeichnung, Ausführung), Durchführung (Herstellung), Kontrolle
Objekt: Einbauküchen, Einzelstücke (Küchenschränke, Eßecke . . .)
Verrichtung: Beschaffung, Fertigung, Lagerung, Verkauf
Ort: Werk, Auslieferungslager, Verkaufsräume, Verwaltung
Zweckbeziehung: Designing, Bau/Buchhaltung, Personalwesen . . .
Rang: Lagerleiter/Lagerarbeiter, Leiter Rechnungswesen/Sachbearbeiter

Lösung zu Aufgabe 3

Der Reihe nach müßten Sie folgende Zahlen stehen haben: 1, 1, 2, 1, 2, 1, 1, 2, 2.

Lösung zu Aufgabe 4

Beispiele aus dem Rechnungswesen stehen in Abb. 3 und später auch im Aufgabengliederungsplan auf S. 23. Ein weiteres Beispiel zur Personalabteilung findet sich in Abb. 12 zur Aufgabe 5.

Lösung zu Aufgabe 5 (Abb. 12)

1: Unmittelbarkeit, 2a: Objekt, b: Verrichtung, 3a: Unmittelbarkeit, b: Phase, c: Objekt, d: Ort. Über die Zweckmäßigkeit der Gliederung in Abb. 12 läßt sich sicher streiten. Hier geht es aber nicht um eine generelle Bewertung, sondern lediglich darum, prinzipiell die verschiedenen Möglichkeiten, nach denen man gliedern kann, an einem Beispiel aufzuzeigen.

Wie fertigt man einen Aufgabengliederungsplan an?

Einen einfachen Aufgabengliederungsplan zeigt Abb. 13. Die dabei vorgenommene Aufteilung in Haupt-, Teil- und Elementaraufgaben ist aber nur eine von zahlreichen, in der Praxis verwirklichbaren Varianten. Nach dem Muster von Abb. 13 sollten Sie nunmehr für Ihre Abteilung, in der Sie arbeiten (bzw. Erfahrung gesammelt haben), einen Gliederungsplan ausarbeiten und aus dem Gedächtnis wiedergeben können. Dieses Kapitel hat Ihnen Rüstzeug geliefert, mit dem Sie fachmännisch vorgehen können.

Hauptaufgabe	Teilaufgaben	Elementaraufgaben
Einkauf	Einkaufsvorbereitung	Bedarfsermittlung Marktforschung Angebotseinholung Kaufvertragsverhandlungen
	Einkaufsdurchführung	Bestellung Bearbeitung Wareneingangsmeldung Kalkulation
	Einkaufskontrolle	Rechnungskontrolle Reklamationen
Lagerung	Wareneingang	Warenannahme Eingangskontrolle Eingangsmeldung
	Disposition	Lagerbuchhaltung (Bestandserfassung und ggf. Bestandsbewertung) Bedarfsmeldung (ggf. Bestellung) Statistik
	Überwachung	Inventur Warenpflege
	Warenausgang	Warenausgabe Warenausgangsmeldung

Hauptaufgabe	Teilaufgaben	Elementaraufgaben
Verkauf	Verkaufsvorbereitung	Marktforschung Verkaufsplanung Verkaufskalkulation
	Verkaufsanbahnung	Werbung Angebotsabgabe
	Verkaufsdurchführung	Verkaufsabschluß Auftragsbearbeitung
	Finanzielle Abwicklung	Rechnungserstellung Verkaufsfinanzierung Inkasso und Mahnung
	Verkaufssicherung	Kundendienst Kundenpflege
Rechnungswesen	Geschäftsbuchhaltung	Hauptbuchhaltung Kreditorenbuchhaltung Debitorenbuchhaltung Finanzbuchhaltung Steuerfragen
	Betriebsbuchhaltung	Betriebsabrechnung Kalkulation
	Finanzwesen	Finanzplanerstellung Finanzplankontrolle Finanzbeschaffung Finanzanlage
	Berichtswesen	Führung von Statistiken Auswertung der Daten (Zusammenfassung, Kennzifferbildung etc.)
Personalwesen	Einstellung	Personalbedarfsfeststellung Stellenausschreibung Personalvorauswahl Bearbeitung der Einstellungsformalitäten
	Verwaltung	Führung der Personalpapiere Personalbeobachtung Beförderung und Versetzung Entlohnung

Hauptaufgabe	Teilaufgaben	Elementaraufgaben
Personalwesen (Forts.)	Verwaltung	Urlaubsregelung
		Personalplanung
	Aus- und Weiterbildung	Bildungsplanung
		Lehrlingsausbildung
		Lehrgangsregelung
		Erstellen eines Kostenbudgets
		Erstellung von Zeugnissen oder Teilnahmebescheinigungen
	Sozial- und Gesundheitsfürsorge	Soziale Betreuung (Wohnungsbeschaffung etc.)
		Führung der Kantine
		Gesundheitsdienst
		Unfallschutzregelungen
		Gemeinschaftspflege
	Kündigung	Bearbeitung der Kündigungsformalitäten
		Anfertigung des Führungszeugnisses
		Aushändigung der Papiere
Allgemeine verwaltung	Postdienst	Posteingang
		Postverteilung
		Postausgang
		Portokassenführung
	Telefondienst	Gesprächsvermittlung
		Abrechnung der Privatgespräche
	Schreibdienst	Auftragsentgegennahme
		Verteilung der Schreibarbeit
		Schreiben
		Abgabe der Schriftstücke
	Schriftgutablage	Entgegennahme
		Registratur
		Ausgabe
		Vernichtung
	Sachverwaltung	Büroplanung
		Bürosachmittelbeschaffung
		Bürosachmittelpflege
		Bürosachmittelausgabe
		Bürosachmittelkontrolle

Abb. 13: Aufgabengliederungsplan

Lernkontrolle

1. a) Nennen Sie mindestens vier Ziele, die durch Ihre Arbeit im Betrieb erfüllt werden.
   b) Formulieren Sie die Ziele operational (Zur Antwort vgl. S. 14).
2. Wodurch unterscheiden sich allgemein formulierte und operationale Ziele? (Antwort S. 13)
3. Zählen Sie die Hauptaufgaben des Betriebs auf, in dem Sie arbeiten! (Vgl. S. 11 und 12)
4. Zählen Sie die genannten W-Fragewörter zur vollständigen Beschreibung von Aufgaben auf! (Antwort S. 15)
5. Erläutern Sie die entsprechenden Aufgabenbeschreibungsmerkmale! (Antwort S. 16)
6. Wie verfährt man bei größeren Aufgaben, die zwar durch Aufgabenbeschreibungsmerkmale dargestellt worden sind, die aber noch zu grob umrissen bzw. zu allgemein formuliert sind? (Antwort S. 17)
7. Welche zusätzlichen Merkmale zur Aufgabenbeschreibung können mitunter noch hinzugezogen werden? (Antwort S. 16)
8. Zählen Sie fünf betriebliche Tätigkeiten auf.
   a) Nennen Sie das jeweilige Objekt.
   b) Nennen Sie die jeweilige Verrichtung.
   c) Nennen Sie gegebenenfalls benutzte Hilfsmittel 1.) Formulare, Unterlagen, 2.) Maschinen, Geräte. (Muster auf S. 18)
9. Greifen Sie eine Ihnen bekannte Haupt-, Teil- oder Elementaraufgabe heraus und versuchen Sie, diese nach dem Muster der „Disposition" ebenfalls nach sechs verschiedenen Merkmalen zu gliedern (Vgl. S. 18)
10. Was ist der Unterschied zwischen mittelbaren und unmittelbaren Aufgaben? (Antwort S. 20)
11. Erarbeiten Sie einen Aufgabengliederungsplan mit Hauptaufgabe(n), Teilaufgaben und Elementaraufgaben aus der Abteilung, in der Sie arbeiten.

2 Abteilung

Problemstellung

Fall 1: Wie zeichnet man einen aussagefähigen Organisationsplan?

Sie wollen einem neuen Mitarbeiter die Aufbaustruktur Ihres Betriebes, das heißt, der *Abteilungen*, der *Aufgaben* und der *Unterweisungsverhältnisse* anhand eines selbst gezeichneten Organisationsplans erklären.

Fall 2: Soll man lieber zentralisieren oder eher dezentralisieren?

Der Schreibdienst ist in Ihrem Betrieb möglicherweise nicht zufriedenstellend geregelt. Die Schreibarbeiten dauern zu lange und sind zu teuer. Jede Abteilung beschäftigt ein bis drei Schreibkräfte, die zum Teil auch für andere Aufgaben eingesetzt werden. Sie machen den Vorschlag, ein *zentrales Schreibbüro* einzurichten. Wenn man einen Organisationsvorschlag macht, muß man die Lösung, für die man sich entschieden hat, auch überzeugend darlegen können. *Wie würden Sie argumentieren?*

Fall 3: Wie lassen sich Abteilungen zweckmäßig gliedern?

Da Sie sich bisher bei der Bewältigung organisatorischer Probleme bewährt haben, sollen Sie zur *Aufbaustruktur Ihrer Abteilung,* die nach Meinung des Geschäftsführers nicht optimal ist, Verbesserungsvorschläge machen. Zur Verdeutlichung Ihrer Vorschläge fertigen Sie zwei detaillierte Organisationspläne an, einen mit dem derzeitigen *Ist-Zustand* und einen mit dem von Ihnen geplanten *Soll-Vorschlag.*

Fall 4: Wo ordnet man gegebene oder neue Aufgaben ein?

Wieder einmal ist die Unternehmensleitung mit der Frage der dezentralen oder zentralen Lagerhaltung (Verwaltung, Planung, Einkauf usw.) beschäftigt. Sie sind beauftragt, die verschiedenen *Möglichkeiten zur Einordnung der Abteilung* in die Betriebshierarchie aufzuzeigen und einen Lösungsvorschlag zu unterbreiten.

In vielen Betrieben variieren mit der Zeit die zu erfüllenden Aufgaben. Neue Aufgaben treten hinzu, bestehende ändern sich oder fallen ganz weg. Abteilungen müssen entsprechend neu gebildet, geändert oder aufgelöst werden. Je schneller sich ein Betrieb an neue Umstände anpassen kann, desto besser ist er den wechselnden Anforderungen gewachsen. Jedermann weiß allerdings, daß solche Anpassungen oft nur mit großen zeitlichen Verzögerungen erfolgen. Von „alten Zöpfen" trennt man sich häufig nur allzu ungern, eine Haltung, die gerade der Organisator nicht selten deutlich zu spüren bekommt. Dennoch sollte auch der Nichtfachmann ein gewisses Maß an technischem Rüstzeug kennen, um ohne großen organisatorischen Aufwand notwendige Änderungen überzeugend durchsetzen zu können.
Was sollte er mindestens beherrschen?

1. Er sollte sich selbst einen Überblick über die Aufbaustruktur seines Betriebes verschaffen können.
2. Er sollte die Grundsätze kennen, die bei einer Abteilungsbildung bzw. -änderung zu beachten sind.

Nachfolgend wird an zwei Beispielen erklärt, was ein *Organisationsplan* ist, welche Aussagen man anhand eines *Grobplans* oder eines *Detailplans* machen kann, wie man ihn anfertigt und welche *Vorteile* ein Organisationsplan hat. Danach werden die verschiedenen Möglichkeiten der *zentralisierten* und *dezentralisierten* Gestaltung betrieblicher

Aufgaben *mit den jeweiligen Vor- und Nachteilen* erläutert. Schließlich führt eine Fallstudie in die Probleme eine, die bei der *Bildung von Abteilungen* auftreten. Dabei werden drei Fehler der Organisation eingehender behandelt: die *Überorganisation* der Aufbaustruktur, die *falsche Kompetenzaufteilung* und die *unvorteilhafte Aufgabeneinordnung* in die bestehende Betriebshierarchie.

Lernziel

Sie sollen künftig den Organisationsplan Ihres Betriebes (bei größeren Betrieben in groben Umrissen, bei kleineren bis mittleren Betrieben detailliert) zeichnen und erläutern können. Ferner sollen Sie verschiedene Möglichkeiten der zentralisierten und dezentralisierten Gestaltung Ihres Betriebes

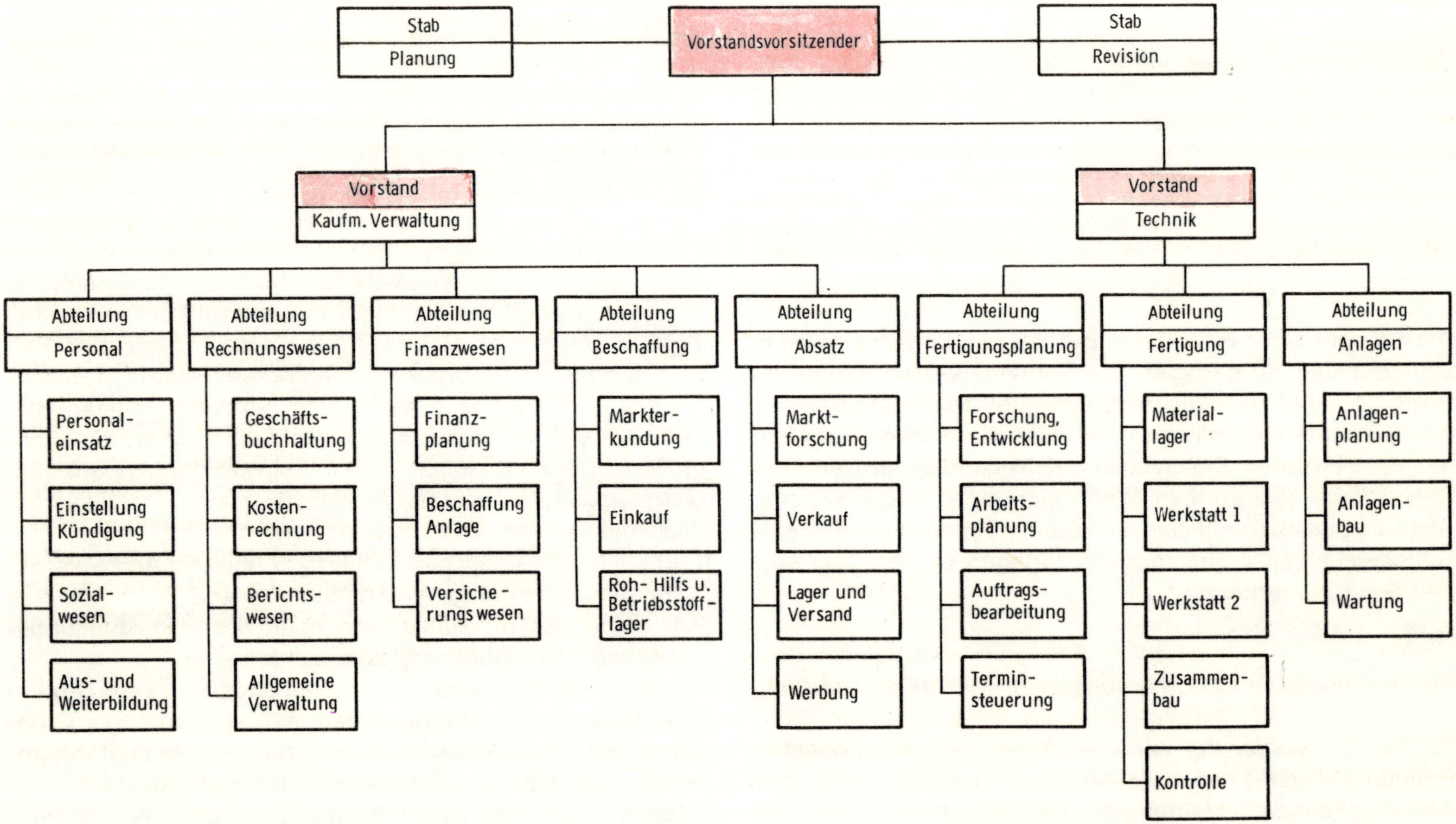

Abb. 14: Organisationsplan (Grobplan eines industriellen Fertigungsbetriebes)

grafisch darstellen und beurteilen können. Schließlich sollen Sie die grundsätzlich beim Aufbau oder bei der Änderung von Betriebsabteilungen zu stellenden Fragen kennen und Vorschläge zur Neugliederung machen und beurteilen können.

Lösung

Wie zeichnet man einen aussagefähigen Organisationsplan?

Ein *Organisationsplan* ist eine grafische Darstelling der Aufbaustruktur eines Betriebes oder eines Teilbereichs desselben. Er soll a) die Über- bzw. Unterstellungsverhältnisse und b) die Aufgabenverteilung deutlich machen. Man kann zwischen Grobplänen und Detailplänen unterscheiden.

- Ein Grobplan zeigt nur die Einteilung in verschiedene Abteilungen und Aufgabengruppen. Ein Beispiel dafür zeigt Abb. 14.
- Ein Detailplan weist nicht nur Abteilungen und Aufgabengruppen, sondern auch Anzahl und Art der Stellen aus. Ein Beispiel für einen Detailplan folgt weiter unten.

Ob eine Grob- oder Feindarstellung der Aufbaustruktur gewünscht wird, hängt vom jeweiligen Untersuchungsziel ab. Wollen Sie einmal den Organisationsplan eines kleinen Betriebes zeichnen? Probieren Sie es! Die nachfolgende Aufgabe bietet Ihnen dazu Gelegenheit.

Aufgabe

Gegeben sei ein kleiner Dienstleistungsbetrieb mit 12 Mitarbeitern. Die Aufgaben, die dort wahrgenommen werden, sind: Unternehmensleitung, Verkauf, Buchhaltung, Lagerhaltung, Finanzen, Sekretariat. Die zwölf dort Beschäftigten verteilen sich wie folgt:
1 Geschäftsführer (Unternehmensleitung)
1 Verkaufsleiter (Verkauf), direkt dem Chef unterstellt
1 Buchhalter (Buchhaltung), direkt dem Chef unterstellt
1 Sekretärin (Sekretariat), direkt dem Chef unterstellt
1 Steuerberater (Finanzen), direkt dem Chef unterstellt
2 Verkäufer + 1 Kontoristin (Verkauf Produkt A), dem Verkaufsleiter unterstellt
1 Verkäufer (Verkauf Produkt B), dem Verkaufsleiter unterstellt
1 Packer + 2 Fahrer (Lagerhaltung), dem Verkaufsleiter unterstellt

---

Der Steuerberater hat eine *Stabsfunktion*. Ein Stab ist eine Einheit, die prinzipiell aus einer oder aus mehreren Stellen gebildet wird, einer leitenden Stelle (in diesem Fall dem Geschäftsführer) zugeordnet ist und ihr gegenüber nur *beratende Aufgaben* hat. Gegenüber anderen Stellen des Betriebes hat sie grundsätzlich *kein Weisungsrecht*. Der Stab wird im Organisationsplan immer rechts oder links neben der leitenden Stelle gezeichnet, der er zugeordnet ist. Die anderen Aufgabenträger, die der leitenden Stelle untergeordnet sind, werden unterhalb derselben gezeichnet.

Versuchen Sie, Abb. 15 zu ergänzen, bevor Sie weiterlesen! Aus Ihrem Plan sollen hervorgehen: die *gegebene Aufgabenverteilung*, die *gegebenen Unterstellungsverhältnisse* und die *vorhandene Aufteilung der Stellen* auf die Aufgabenbereiche. Mit einem Wort, er soll die bestehende Aufbaustruktur dieses Betriebes möglichst klar wiedergeben.
Nehmen Sie dabei noch keine Veränderung der vorliegenden Struktur vor, auch wenn sich über die bestehenden Unterstellungsverhältnisse und die vorhandene Aufgabenverteilung einiges sagen läßt. An dieser Stelle geht es nur darum, die in einem Betrieb gegebenen Verhältnisse zunächst einmal grafisch richtig darzustellen.

Abb. 15: Zu ergänzender Lösungsvorschlag

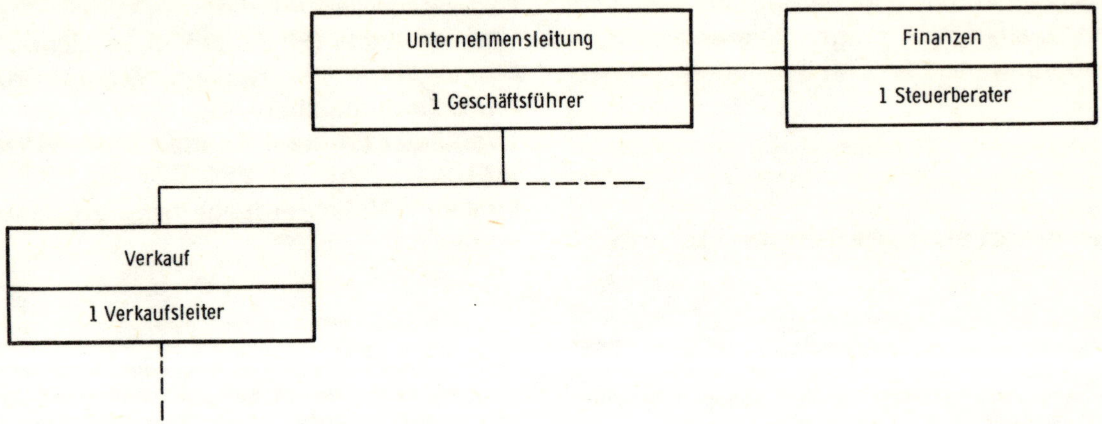

Zusatzaufgabe

Abb. 16 enthält eine von einem Anfänger erstellte Zeichnung. Abb. 17 dagegen zeigt eine mögliche, zumindest formal richtige Lösung. Vergleichen Sie beide Abbildungen miteinander und zählen Sie mindestens drei Mängel auf! Was ist an der Zeichnung in Abb. 16 schlecht bzw. falsch dargestellt?

1. ______________________________

____

2. ______________________________

____

3. ______________________________

____

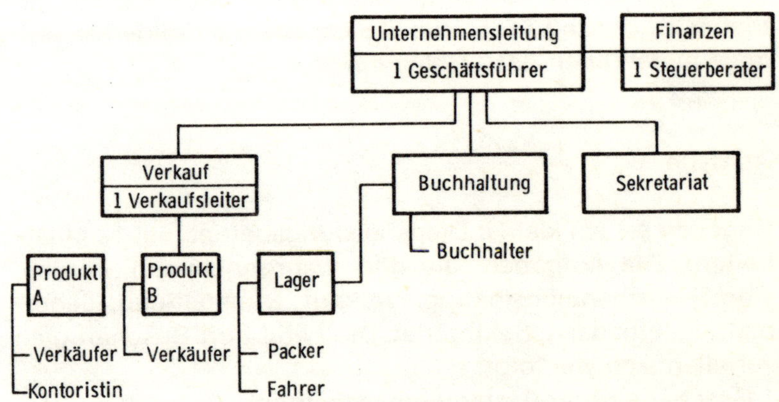

Abb. 16: Formal fehlerhafter Lösungsvorschlag eines Organisationsplans

Die Mängel sind in Abb. 16 im einzelnen folgende:

- Die Trennung von Aufgaben und Aufgabenträgern (Mitarbeitern) ist nicht überall formal einheitlich durchgehalten. Sie wird im Soll-Plan durch die Zweiteilung der Kästchen gut sichtbar. Im oberen Teil erscheinen stets die Aufgaben, im unteren Teil werden die Aufgabenträger eingetragen.
- Der Buchhalter hat keine leitende Funktion und darf deshalb formal nicht neben dem Verkaufsleiter stehen. Er muß nach unten in die Ebene der ausführenden Stellen neben die Sachbearbeiter rücken. Es handelt sich bei der Buchhaltung nicht um eine Abteilung, sondern nur um eine Stelle. Von einer Abteilung spricht man erst dann, wenn mehrere Stellen eine Einheit bilden und wenn einer dieser Stellen die Funktion der Leitung zukommt.
- Die Sekretärin kann prinzipiell der Geschäftsleitung zugeordnet werden. Dadurch wird der Plan übersichtlicher. Die Gefahr, daß die Sekretärin als „Unternehmensführung" angesehen wird, ist nicht gegeben, denn ihre Funktionsbezeichnung („Sekretärin") läßt eine solche Interpretation nicht zu. Ein gesondertes Kästchen wäre nur dann sinnvoll, wenn die Sekretärin noch andere Sachaufgaben (wie z. B. die Fakturierung) übernehmen würde.

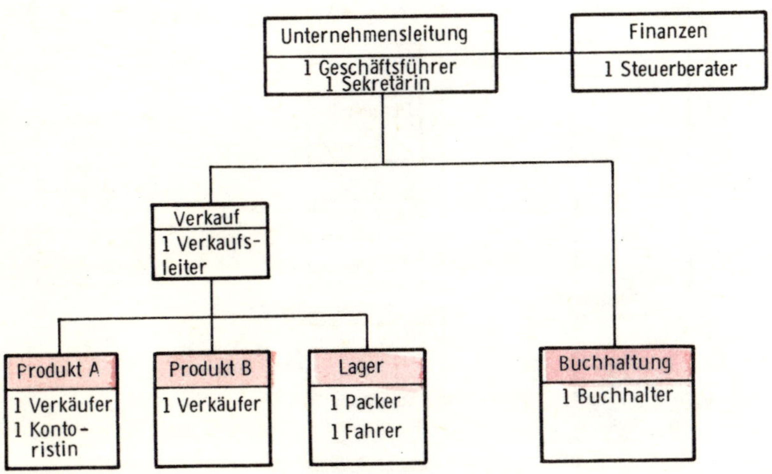

Abb. 17: Eine mögliche, formal richtige Lösung

- Die Anzahl der Mitarbeiter ist in Abb. 16 nicht vermerkt. Der Soll-Plan dagegen macht von vornherein vermeidbare Rückfragen überflüssig. Für eine organisatorische Analyse ist die Art und Anzahl der Mitarbeiter eine wesentliche Information. Ist der Plan als bloße Übersicht gedacht, so können Zahlenangaben weggelassen werden.
- Die Verbindung zwischen Lager und Buchhaltung stellt lediglich einen allgemeinen Informationsweg dar. Im Organisationsplan werden aber nicht alle Informationen verzeichnet, sondern nur die Unterweisungsverhältnisse aufgezeigt.
- Kleinere formale Mängel wurden in Abb. 17 ausgemerzt. Es handelt sich dabei allerdings um unbedeutendere Fehler, auf die deshalb nicht im einzelnen eingegangen zu werden braucht.

Ergebnis

Der Plan in Abb. 17 ist einfacher und übersichtlicher. Er zeigt die Unterstellungsverhältnisse und (Leitungs- und Ausführungs-)Ebenen eindeutiger an als der Plan in Abb. 16.

Sollen gleichartige Aufgaben aus verschiedenen Bereichen zusammengefaßt (zentralisiert) werden?

Zentralisiert oder dezentralisiert werden können grundsätzlich alle betrieblichen Aufgaben: Einkauf, Verkauf, Verwaltung, Informationserfassung, -verarbeitung und -ausgabe, Planung (zentrales Planungsbüro, dezentrale Planungsbüros), Leitung, Kontrolle, Organisation, Personalwesen, Lagerhaltung, Produktion usw. Deshalb ist der folgende Abschnitt auch von grundlegender Bedeutung für die gesamte organisatorische Arbeit.
Was aber versteht man eigentlich, genau gesagt, unter Zentralisation oder Dezentralisation? In den beiden folgenden Abbildungen ist ein Betrieb aus der Kraftfahrzeugbranche wiedergegeben, der auf zweierlei Weise organisiert wurde. Ein Vergleich der beiden Lösungen führt mitten hinein in die hier zu erörternde Problematik.

Aufgabe

Stellen Sie den Vergleich zwischen der Lösung in Abb. 18 und Abb. 19 zuerst selber an. a) Worin liegt der Unterschied? b) Nennen Sie je einen Vorteil zu jeder Lösung!
Die Lösung zu dieser Aufgabe folgt unmittelbar im Anschluß an die beiden Abbildungen.

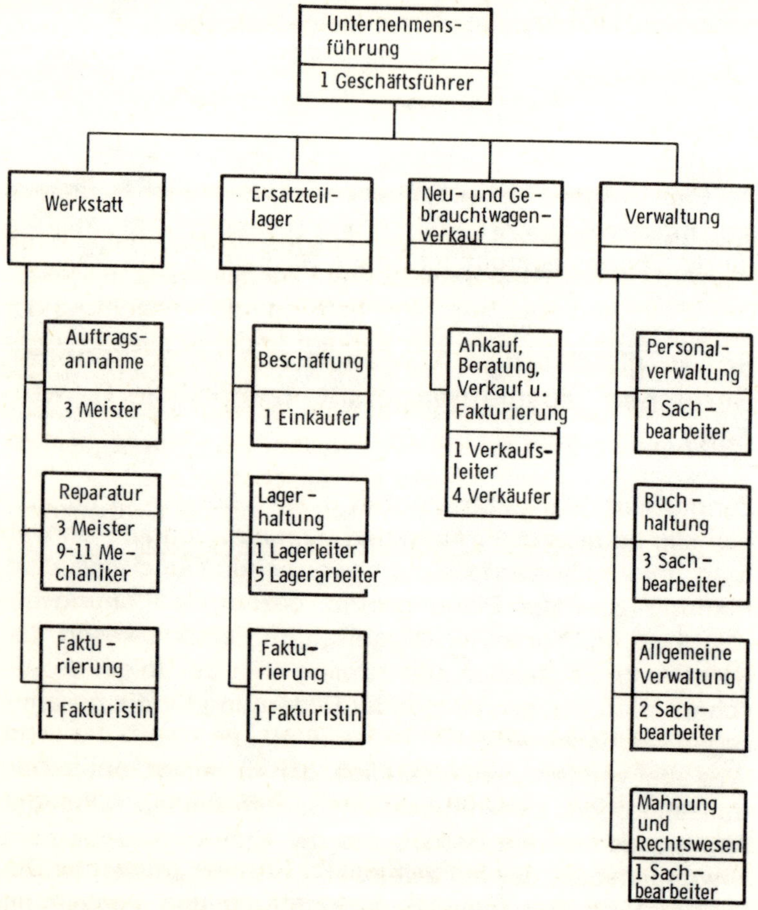

Abb. 18: Kfz-Betrieb mit zentraler Verwaltung

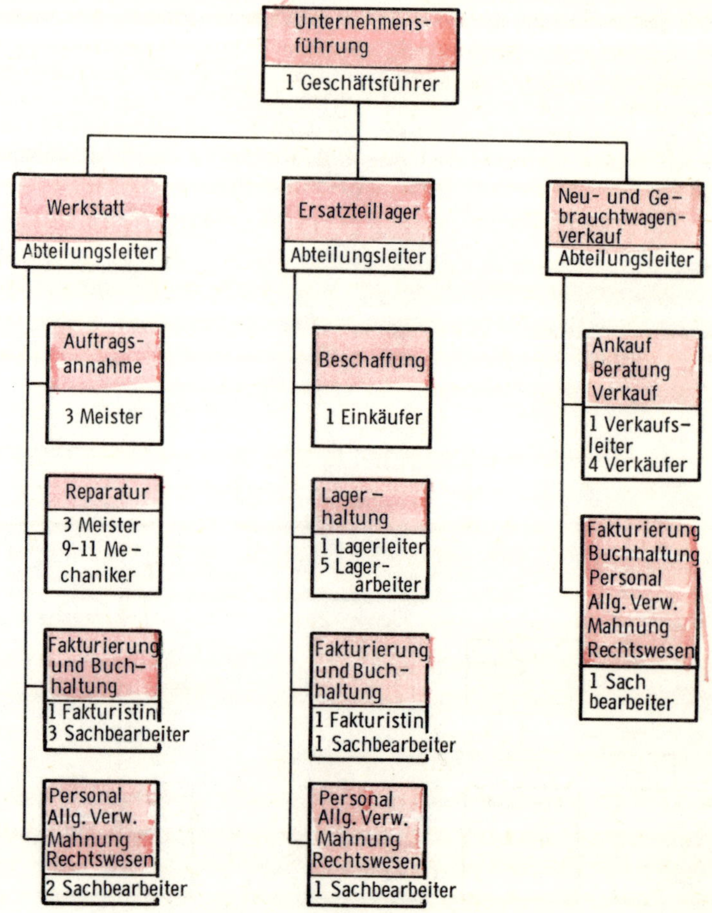

Abb. 19: Kfz-Betrieb mit dezentraler Verwaltung

Lösung

In Abb. 18 sind, wie Sie sicher richtig erkannt haben, die Verwaltungsaufgaben in einer gesonderten Abteilung zusammengefaßt. Beim Verkauf oder bei der Reparatur anfallende Verwaltungsaufgaben wie Buchhaltung, Mahnung etc. sind aus den einzelnen Abteilungen jeweils ausgegliedert und einer gemeinsamen Leitung unterstellt worden: es ist eine Hauptabteilung für Verwaltungsaufgaben entstanden. *Allgemein nennt man das Ausgliedern von gleichartigen Aufgabenteilen aus verschiedenen Aufgabenbereichen und das Zusammenfassen dieser Aufgabenteile zu einem gesonderten Aufgabenbereich „Zentralisation".* Die Verwaltungsaufgaben wurden also in Abb. 18 zentralisiert.
In Abb. 19 dagegen werden die Verwaltungsaufgaben auf mehrere Abteilungen verteilt. Verschiedene Abteilungsleiter sind jeweils auch für Verwaltungsaufgaben zuständig bzw. verantwortlich. Personal, Buchhaltung, Allgemeine Verwaltung, Mahnung und Rechtswesen werden in der Abteilung erledigt, wo sie anfallen: in der Werkstatt, im Ersatzteillager und im Neu- und Gebrauchtwarenan- und verkauf. *Allgemein nennt man das Aufteilen gleichartiger Aufgabenteile auf verschiedene Aufgabenbereiche „Dezentralisation".*

Für jede der beiden Lösungen lassen sich mehrere Vorteile aufzählen. Zu der oben gestellten Aufgabe soll vorläufig nur je ein Vorteil genannt werden. Weitere Vor- und Nachteile werden später noch gegenübergestellt.

Vorteil der Zentralisation (Abb. 18):
Meistens sind spezialisierte Arbeitskräfte und Maschinen bei Zentralisation besser ausgelastet als bei Dezentralisation.

Vorteil der Dezentralisation (Abb. 19):
Bei Dezentralisierung bestehen jeweils bessere Kontakte durch eine größere Nähe zum Objekt (zum Beispiel zum Kunden) als bei Zentralisation, so daß Rückfragen schneller geklärt, Fehler durch eine größere Detailkenntnis seltener vorkommen oder schneller beseitigt werden können.

In Abb. 18 und 19 ging es um eine Form der Zentralisation bzw. Dezentralisation, die man Verrichtungszentralisation bzw. -dezentralisation nennt. *Eine Verrichtung, in diesem Fall das Verwalten, kann entweder einen eigenen Aufgabenkomplex bilden (Zentralisation) oder auf mehrere andere Aufgabenbereiche verteilt werden (Dezentralisation).* Weitere typische Verrichtungszentralisationen sind etwa das zentrale Schreibbüro, die zentrale Datenerfassung, die zentrale Planungs-, Leitungs- oder Kontrollinstanz usw. Neben der Verrichtungszentralisation gibt es aber auch noch vor allem die räumliche und die objektmäßige Zentralisation bzw. Dezentralisation. Hierzu eine weitere kleine Aufgabe.

Aufgabe

Eine *Funk- und Fernseh-Vertriebsgesellschaft* habe ihren Hauptsitz in Köln und betreibt drei Filialgeschäfte in Wesseling, Bonn und Siegburg. Beschaffung und Verwaltung der Geräte erfolgen in Köln, der Verkauf findet in allen vier genannten Städten statt. Dem Kölner Verkaufsdirektor untersteht nicht nur das Geschäft in Köln, er trägt vielmehr auch die Verantwortung für die drei Filialen. Dem Hauptgeschäft wie den Filialen steht jeweils ein Geschäftsführer vor.
Ergänzen Sie das Schema von Abb. 20, das die Grobstruktur des Betriebsaufbaus ausschnittweise wiedergibt.

Lösung

In allen Kästchen unten steht im unteren Teil jeweils das Wort „Geschäftsführer". Oben sind die Orte zu vermerken: neben „Verkauf Köln" stehen „Verkauf Wesseling", „Verkauf Bonn", „Verkauf Siegburg".
Abb. 20 zeigt ein typisches Beispiel für eine *räumliche Dezentralisation* des Verkaufs. Beschaffung und Verwaltung könnten ebenfalls räumlich getrennt werden.

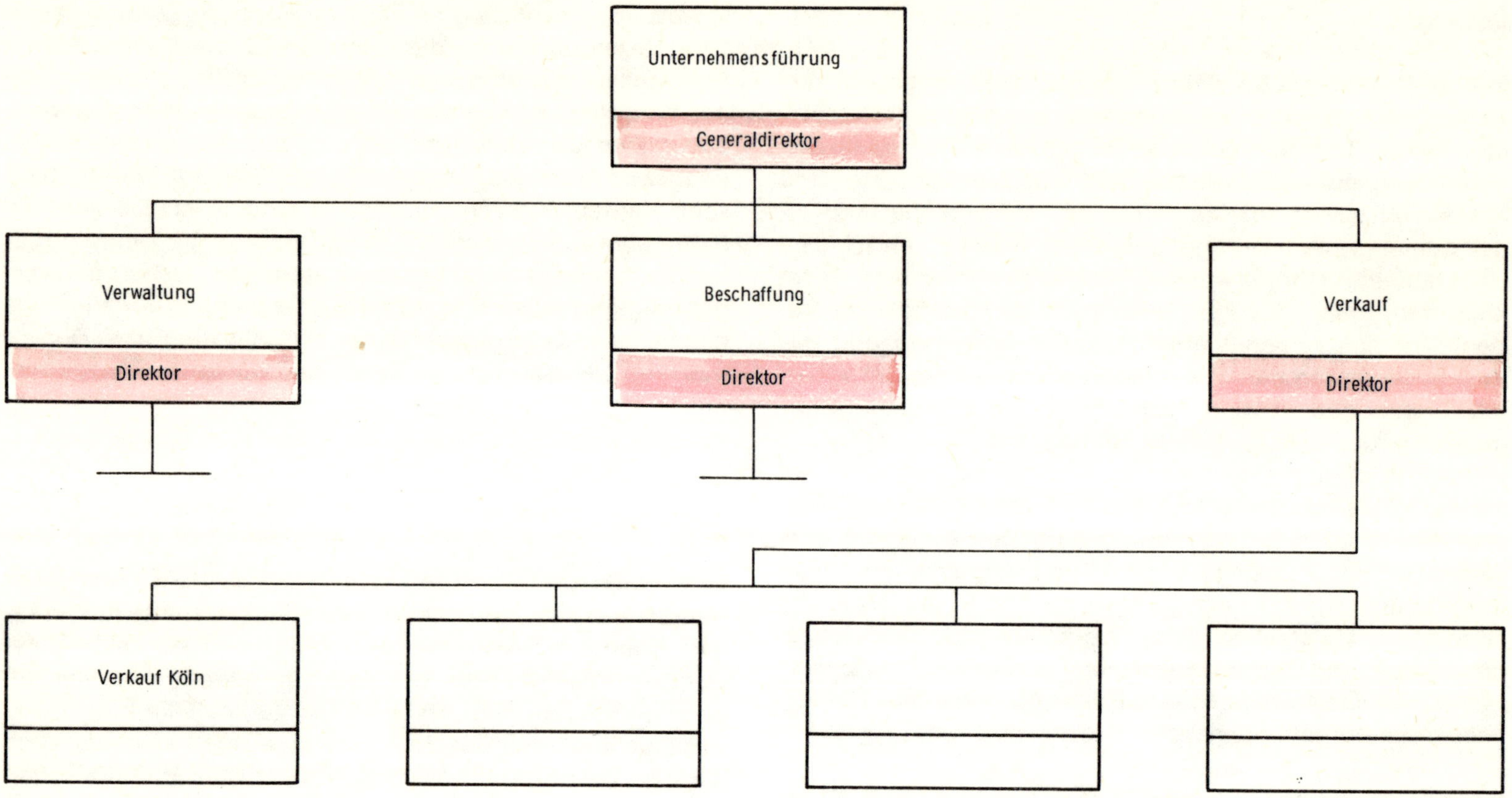

Abb. 20: Aufbaustruktur einer Funk- und Fernsehvertriebsgesellschaft, Ausschnitt

Zusatzaufgabe

Nennen Sie je einen Grund, der dafür spricht, neben dem Verkauf

a) die Beschaffung (Einkauf) und

b) die Verwaltung ebenfalls zu dezentralisieren!

Was für ein Vorteil könnte sich jeweils ergeben? (Die Lösung folgt unten. Vom Lernerfolg her gesehen ist es sicher besser, wenn Sie zunächst ohne Hilfe versuchen, diese kleine Aufgabe selbständig zu lösen.)

a) Für die räumlich dezentrale Beschaffung spricht zum Beispiel:

____

b) Für eine räumlich dezentrale Verwaltung spricht zum Beispiel:

____

Lösung

Für eine räumlich dezentrale Beschaffung sprechen zum Beispiel die Ausnutzung verschiedener, räumlich getrennt liegender Bezugsquellen (Lieferanten) sowie geringere Transportkosten durch die größere Nähe zu den einzelnen Geschäften.
Für eine räumlich dezentrale Verwaltung sprechen zum Beispiel eine leichtere Personalbeschaffung oder eine schnellere Abwicklung des Rechnungswesens (kürzere Transportwege) jeweils an Ort und Stelle.

Betrachten Sie nunmehr Abb. 21. Dort ist die Teilaufgabe „Disposition" in ihre Elementaraufgaben „Rohstoffdisposition", „Betriebs- und Hilfsstoffdisposition" sowie „Halbfertigfabrikatedisposition" untergliedert. Die Elementaraufgaben ihrerseits werden in die Tätigkeiten „Bestandsermittlung", „Bestandsbewertung", „Bestandsmeldung" und „Statistik" unterteilt.
Die Teilaufgabe „Disposition" wurde in Abb. 21 nach Objekten gegliedert. Dabei sind jeweils gleichartige Objekte zusammengefaßt worden (Objektzentralisation): alle Rohstoffe, alle Betriebs- und Hilfsstoffe und alle Halbfertigfabrikate bilden jeweils einen Aufgabenbereich. Dagegen sind gleichartige Verrichtungen wie „Bestandsermittlung", „Bestandsbewertung" usw. auf mehrere Aufgabenbereiche verteilt worden (Verrichtungsdezentralisation). Das muß auch so sein: *Objektzentralisation ist gleichbedeutend mit Verrichtungsdezentralisation.*

Aufgabe

a) Könnte man innerhalb der Teilaufgabe „Disposition" auch nach Verrichtungen zentralisieren?
Ja/Nein
b) Welche vier Verrichtungen kommen als Elementaraufgaben in Betracht (Vgl. Abb. 21)?

1) ____________ 3) ____________

2) ____________ 4) ____________

c) Tragen Sie Ihren Lösungsvorschlag in Abb. 22 ein!
d) Wie sind die Objekte in Abb. 22 einzuordnen?

Lösung

Wenn Sie die Eintragungen richtig gemacht haben, dann müssen in der Mitte der Grafik jetzt die vier Verrichtungen nebeneinander angeordnet sein und darunter jeweils viermal die drei zu bearbeitenden Objekte untereinander stehen (Tragen Sie, falls noch erforderlich, jetzt die richtigen Begriffe in Abb. 22 ein!). Abb. 22 zeigt nunmehr, daß gleichartige Verrichtungen an verschiedenen Objekten durchgeführt werden (Verrichtungszentralisation). Gleichartige Objekte sind auf mehrere Elementaraufgaben verteilt. *Verrichtungszentralisation ist daher stets gleichbedeutend mit Objektdezentralisation.*

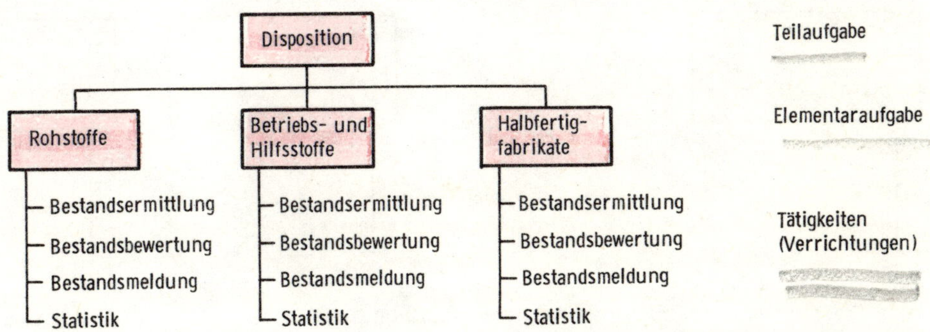

Abb. 21: Objektzentralisation

Abb. 22: Verrichtungszentralisation

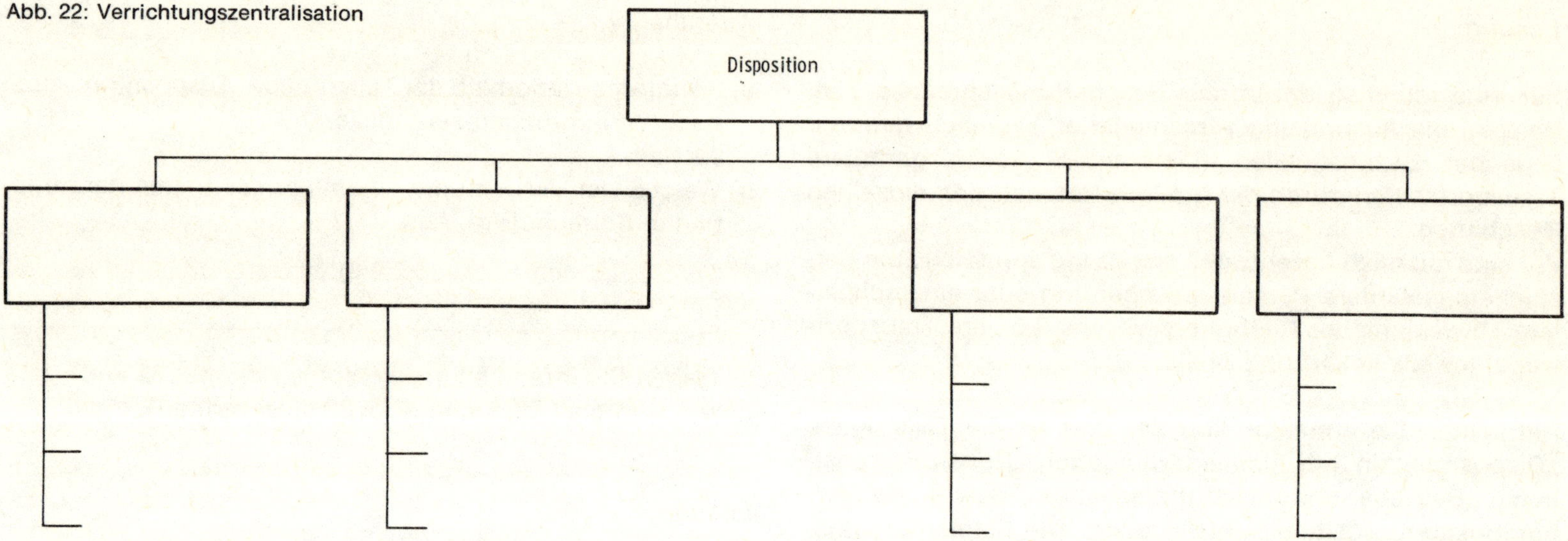

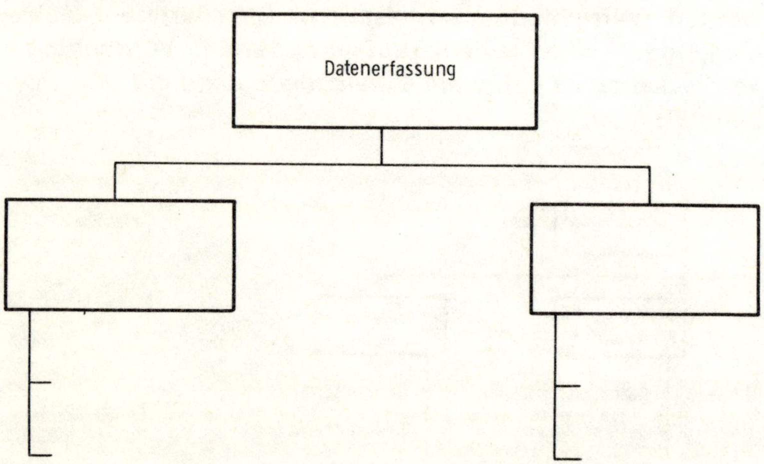

Abb. 23a: Objektzentralisation bei der Datenerfassung (Beispiel)

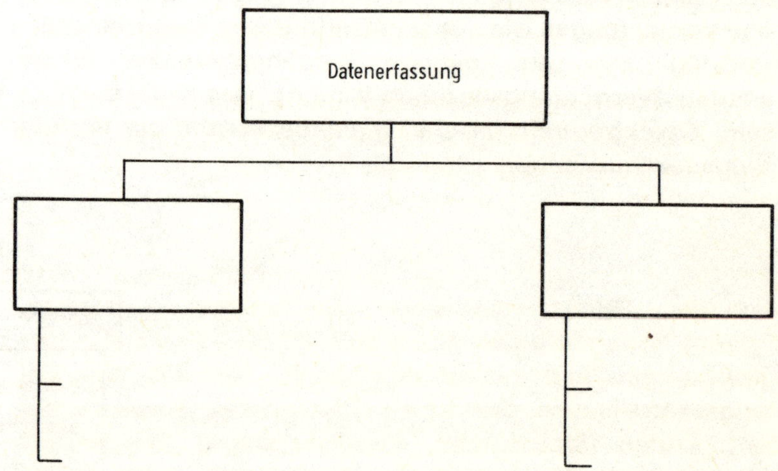

Abb. 23b: Verrichtungszentralisation bei der Datenerfassung (Beispiel)

Aufgabe

Herr Müller will einen Datenerfassungsbetrieb aufmachen. Er hat gute Beziehungen zu einigen Reparaturwerkstätten und zu einigen Steuerbüros. Deshalb ergeben sich zwei verschiedene Typen von Daten, die in diesem Service-Betrieb für die elektronische Datenverarbeitung auf Magnetband geschrieben werden sollen: Daten von Steuerbüros („Steuerdaten") und Daten von Reparaturwerkstätten („Reparaturdaten"). Um sicher zu gehen, daß die Daten auch korrekt erfaßt werden, sind zwei Arten von Verrichtungen durchzuführen: Schreiben und Prüfen. Der Prüfvorgang in dem hier vorliegenden Betrieb läuft folgendermaßen ab: Alle Daten müssen zweimal eingetippt werden. Beim zweiten Mal erfolgt ein Vergleich mit den zuerst eingegebenen Daten. Bei auftretenden Differenzen wird eine Korrektur vorgenommen, die richtigen Daten werden auf ein zusätzliches Band übertragen. Beim Schreiben und Prüfen liegt jeweils eine „stapelweise" Verarbeitung vor, d. h. erst wird eine größere Anzahl Belege geschrieben und später dann zusammen geprüft. Herr Müller steht vor der Frage, wie er die Aufgaben zusammenfassen soll. Es stehen ihm grundsätzlich zwei Formen zur Verfügung:

a) Objektzentralisation
   (Objekte sind Steuerdaten und Reparaturdaten)
b) Verrichtungszentralisation
   (Verrichtungen sind Schreiben und Prüfen)

Stellen Sie beide Formen einander gegenüber, indem Sie die nebenstehende Grafik ergänzen!

Lösung

Abb. 23a: Objektzentralisation: Steuerdaten (Schreiben, Prüfen), Reparaturdaten (Schreiben, Prüfen). Es werden also gleichartige Objekte zusammengefaßt. Abb. 23b: Verrichtungszentralisation: Schreiben (Steuerdaten, Reparaturdaten), Prüfen (Steuerdaten, Reparaturdaten). Gleichartige Verrichtungen sind jeweils zusammengefaßt. In der Praxis hat sich eher die zweite Lösung durchgesetzt, weil sich durch die Spezialisierung der Arbeitskräfte jeweils auf Schreiben oder Prüfen vor allem eine größere Datensicherheit einstellt. Ergänzen Sie gegebenenfalls Abb. 22a) und 22 b).

Welche Vorteile bietet die Objektzentralisation?
Wenn man sich beim Zusammenstellen der Aufgaben, die zu einer Abteilung gehören sollen, stärker am Objekt orientiert, dann bedeutet dies zwangsläufig, daß nicht gleichartige Tätigkeiten zusammengefaßt werden, sondern verschiedenartige Verrichtungen am gleichen Objekt durchgeführt werden. Die Abteilung bekommt in bezug auf das Objekt (z. B. das Produkt) eine stärkere Eigenverantwortung, Anpassungen an Veränderungen am Markt sind schneller möglich, da nicht mehrere Abteilungen umgestellt werden müssen, sondern nur diejenige, die für das betreffende Objekt zuständig ist. Die Arbeit innerhalb der Abteilung ist vielseitiger, was sich auch auf die Motivation und Arbeitsbereitschaft des einzelnen Mitarbeiters auswirken kann.
Welche Vorteile bietet die Verrichtungszentralisation?
Die Verrichtungszentralisation erlaubt eine stärkere Spezialisierung der Mitarbeiter auf eine Tätigkeit bzw. auf einen Komplex von gleichartigen Tätigkeiten. Darüberhinaus lassen sich die Aufgaben klarer abgrenzen, wodurch weniger Konfliktmöglichkeiten innerhalb der Abteilung entstehen.

Aufgabe

Geben Sie jeweils mindestens einen Nachteil der Objektzentralisation und der Verrichtungszentralisation an!

Fallstudie

Der Vorstand des Maschinenbaubetriebes „Schraub & Stahl AG" bestehe aus einem Vorstandsvorsitzenden (als Unternehmensleiter) sowie zwei Vorstandsmitgliedern für die Bereiche „Technik" und „kaufmännische Verwaltung". Der Bereich Technik umfasse die Abteilungen „Beschaffung",

„Produktion" und „Anlagen". Dem kaufmännischen Bereich seien die Abteilungen „Allgemeine Verwaltung", „Rechnungswesen" und „Verkauf" unterstellt.

a) Fertigen Sie eine Grobskizze des Organisationsplans zunächst ohne Unterabteilungen an.
b) Die Aufgabe „Lagerwesen" soll nun in die gezeichnete Grobstruktur eingebaut werden. Deuten Sie vier verschiedene Lösungsmöglichkeiten an, die Lageraufgaben in die Betriebshierarchie einzugliedern. Zeichnen Sie zwei verschiedene Lösungen mit zentraler Lagerhaltung und zwei verschiedene Lösungen mit dezentraler Lagerhaltung.
c) Beschreiben Sie zu jeder Lösung schriftlich kurz die Umstände, die gegeben sein müßten, um sie jeweils den anderen drei Lösungen vorzuziehen. Kommentieren Sie also jede der vier Lösungen.
d) Stellen Sie abschließend generell Vorteile zentraler Lösungen Vorteilen dezentraler Lösungen gegenüber.

Nehmen Sie also, bevor Sie weiterlesen, ein Blatt Papier und führen Sie die Aufgabe selbständig durch.

1. Lösung

Zentrales Lager als Unterabteilung zur Hauptabteilung „Produktion" des Vorstandsbereichs „Technik"

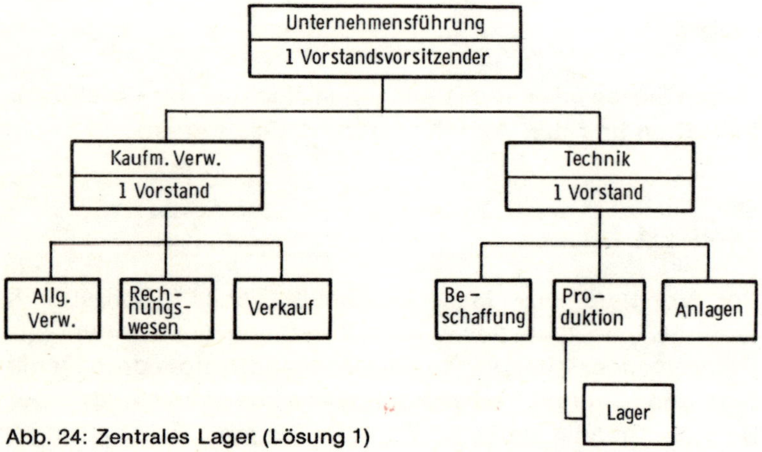

Abb. 24: Zentrales Lager (Lösung 1)

Will man ein zentrales Lager einrichten, stellt sich als erstes die Frage, ob die Lagerabteilung eine *Hauptabteilung* (neben Beschaffung, Verkauf usw.) bilden soll *oder* eher eine *Unterabteilung* (ähnlich wie Geschäftsbuchhaltung, Betriebsbuchhaltung, Werbung, Marktforschung etc.). Grundsätzlich ist bei dieser Art von Fragen eine generelle Antwort kaum möglich, wenn man die näheren Umstände und Einzelheiten des betreffenden Betriebes, der produzierten Güter oder der produktionstechnischen Verfahren nicht kennt. Man kann dennoch sagen, daß eine Lagerabteilung als Hauptabteilung relativ selten anzutreffen ist. Eine solche Lösung ist höchstens dann in Erwägung zu ziehen, wenn die Lagerhaltung im betrachteten Betrieb eine dominierende Rolle spielt (wie das etwa bei Großhandelsunternehmungen oder Lagereien der Fall ist). In der Regel wird das Lager der Einkaufs-, der Produktions- und/oder der Verkaufsabteilung untergeordnet. Eine *Einordnung in den technischen Bereich* ist dann zu befürworten, wenn technische Kenntnisse oder Erfahrungen bei der Lagerhaltung eine ausschlaggebende Rolle spielen und demgegenüber die wirtschaftlichen Belange von geringerer Priorität sind. So kann es zum Beispiel sein, daß bei der Eingangsprüfung der Roh-, Hilfs- oder Betriebsstoffe technisches Spezialwissen erforderlich ist oder während der Lagerung bzw. Fertigung Wartungs- oder Pflegeprobleme auftreten. Umstände dieser Art müßten also vorliegen, um die Lösung 1 zu rechtfertigen. Einen mitunter anzutreffenden Spezialfall zeigt folgendes Bild:

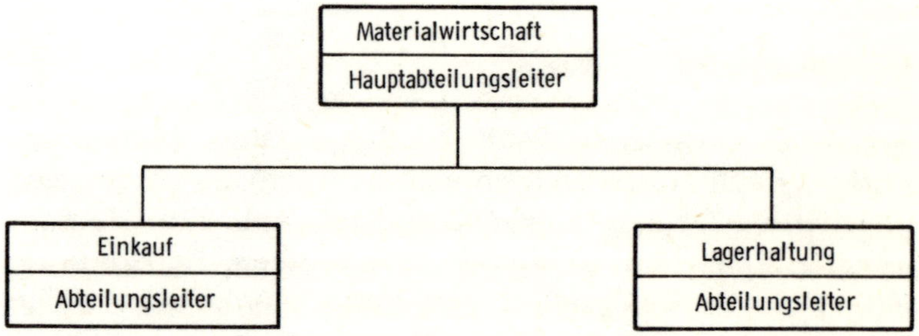

Abb. 25: Abteilung „Materialwirtschaft"

Hier sind Einkauf und Lagerhaltung durch eine übergeordnete Hauptabteilung „Materialwirtschaft" eng miteinander verknüpft. Die *Hauptabteilung „Materialwirtschaft"* kann bei Vorliegen der oben erwähnten Umstände ebenfalls dem Bereich „Technik" untergeordnet werden.

2. Lösung

Zentrales Lager als Unterabteilung zur Hauptabteilung „Verkauf" des Vorstandsbereichs „Kaufmännische Verwaltung"

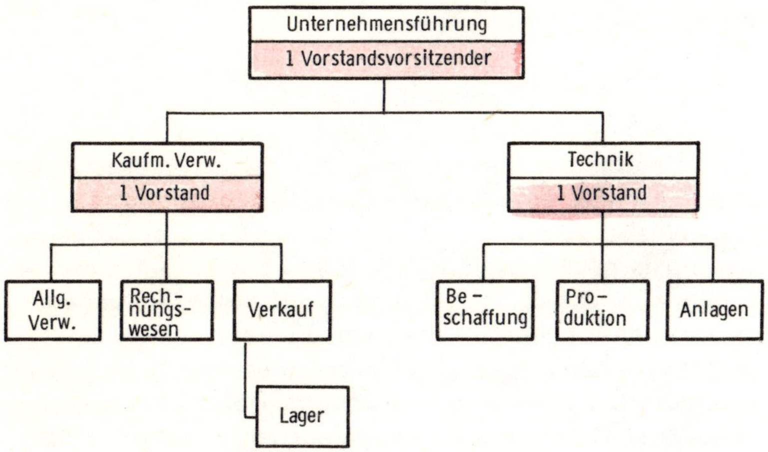

Abb. 26: Zentrales Lager (Lösung 2)

Die Einordnung der Lagerhaltung in den kaufmännischen Bereich ist dann zu empfehlen, wenn die *wirtschaftlichen Erfordernisse der Lagerhaltung in den Vordergrund treten und die technischen Probleme demgegenüber relativ geringe Bedeutung haben.* Begründet werden kann Lösung 2 etwa mit der Notwendigkeit der Kundennähe, mit dem Erfordernis, möglichst günstige Preise und sonstige Konditionen auszuhandeln oder die Lager- bzw. Kapitalkosten zu minimieren. Für Aufgaben dieser Art sind Wirtschaftsfachleute zuständig. Ihre Ausbildung und Erfahrung bedingen die Einordnung derartiger Aufgaben in den kaufmännischen Bereich.

Wirtschaftliche Probleme können natürlich auch beim *Einkauf* überwiegen. Dann müßte dieser zweckmäßigerweise ebenfalls *dem kaufmännischen Bereich* zugeordnet werden. Sollte dann das Einkaufsprogramm sehr groß und differenziert ausfallen und das Verkaufsprogramm umgekehrt klein und gleichartig, dann könnte eine *Angliederung des Lagers an die Beschaffungsabteilung* empfehlenswert sein. Im Grenzfall, wenn für beide Bereiche, sowohl für den Einkauf als auch für den Verkauf, wichtige Argumente sprechen, wird man ein zentrales Lager zugunsten einer dezentralen Lösung aufgeben müssen.

Eine *Zuordnung des Lagers zum Verwaltungsbereich* soll hier am Rande noch erwähnt werden. Eine solche Gliederung bekäme dann den Vorzug, wenn die Lagerwirtschaft in dem betrachteten Betrieb nur eine sehr untergeordnete Rolle spielt.

3. Lösung

Dezentrale Lager (Dezentralisierung der Lagerverrichtungen)

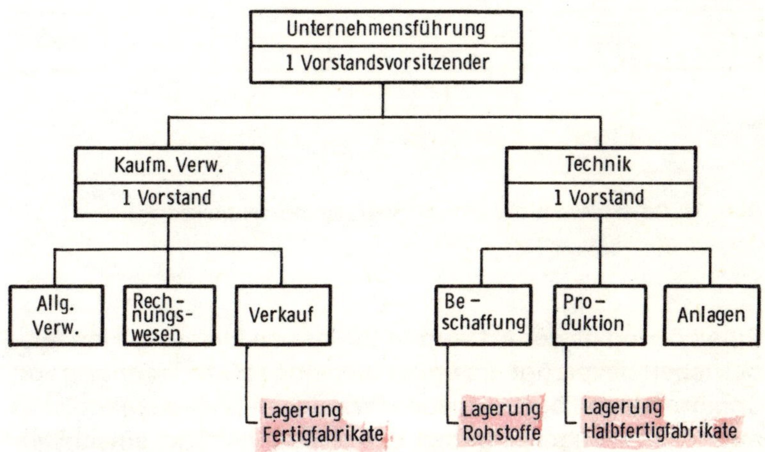

Abb. 27: Verrichtungsdezentralisation (= Objektzentralisation)

Abb. 27 zeigt, daß die Lageraufgabe nicht nur einem Aufgabenbereich zugeordnet ist, sondern *auf die Abteilungen „Beschaffung“, „Produktion“ und „Verkauf“ aufgeteilt* worden ist. Die Lageraufgabe ist also dezentralisiert worden. Eine solche Lösung ist dann angezeigt, wenn Einkauf der Rohstoffe, Fertigung der Produkte und Verkauf der Endprodukte so verschiedenartige Probleme mit sich bringen, daß ihre Lösung nur von den jeweils entsprechenden, mit der notwendigen Ausbildung und Erfahrung versehenen Fachleuten zweckmäßig erscheint.

4. Lösung

Dezentrales Lager (Dezentralisierung der Lagerobjekte)

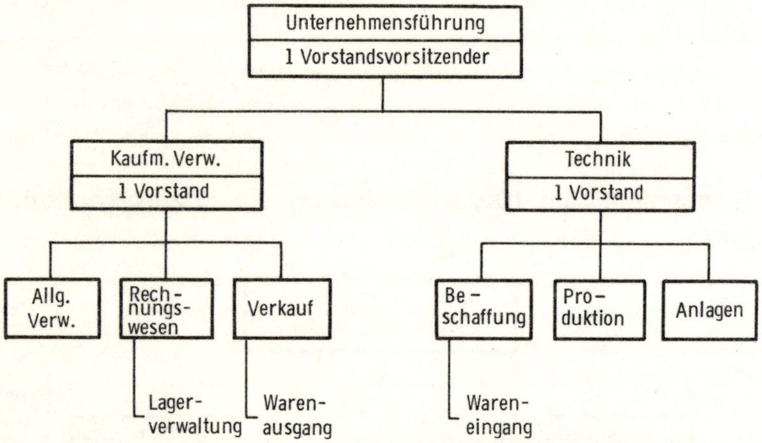

Abb. 28: Objektdezentralisation (= Verrichtungszentralisation)

Eine Lösung dieser Art wird mitunter von kleineren Handelsbetrieben bevorzugt. Es findet hier eine strikte Trennung von unmittelbaren Lageraufgaben (Warenein- und -ausgang) und mittelbaren Lageraufgaben (Lagerbuchhaltung einschließlich Disposition) statt. Hierdurch kann eine voneinander unabhängige Überwachung des Lagers (warenmäßig und buchmäßig) gewährleistet werden. Dies geschieht allerdings auch oft durch eine entsprechende Aufteilung innerhalb der Lagerabteilung wie Abb. 29 zeigt.

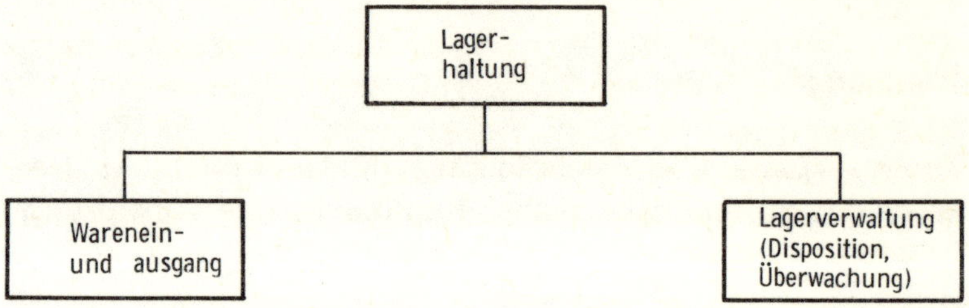

Abb. 29: Lager mit zwei Unterabteilungen

Die Fallstudie zur Zentralisation bzw. Dezentralisation hat eine Fülle von Gliederungsmöglichkeiten aufgezeigt. Die grundsätzliche Arbeitstechnik wurde am Beispiel der Lagerhaltung dargelegt. Sie läßt sich, auch wenn die einzelnen Argumente jeweils verschieden sind, auf andere Aufgabenbereiche oder Abteilungen wie etwa „Einkauf“, „Verwaltung“, „Datenverarbeitung“ usw. prinzipiell übertragen. *Fragen der Zentralisation oder Dezentralisation in den verschiedenen Varianten (Verrichtung, Objekt, Raum usw.) und der richtigen Zuordnung der Aufgaben müssen* auch dort in ähnlicher Form *diskutiert werden.* Abschließend werden Vorteile der Zentralisation den Vorteilen der Dezentralisation gobal gegenübergestellt (s. S. 39).

Aufgabe

Kommentieren Sie, bevor Sie weiterlesen, folgendes Problem:
Sollen produktionsablaufbedingte Zwischenlager dem Produktionsbereich oder dem kaufmännischen Bereich zugeordnet werden?

Lösung

Grundsätzlich ist bei Fragen dieser Art eine generelle Antwort kaum möglich, ohne die näheren Umstände und Einzelheiten des betreffenden Betriebes, der produzierten Güter oder der produktionstechnischen Verfahren zu kennen. Besonders wenn eine räumliche Trennung zwischen Produktionsstätte (Fabrikhallen) und den übrigen Gebäuden, in welchen die kaufmännischen Aufgaben erfüllt werden, vorliegt, wird man allein schon aus räumlichen Erwägungen heraus zunächst geneigt sein, kleinere Zwischenlager, die sich unmittelbar aus dem Produktionsprozeß ergeben, auch sachlich der Produktionsleitung zu unterstellen. Wenn demgegenüber ein großes Zwischenlager eingerichtet wird und dabei die Lagerkosten einen erheblichen Umfang annehmen, technisches Know-how in den Hintergrund tritt, wird die Entscheidung der Zuordnung eher zugunsten des kaufmännischen Bereichs ausfallen.

Vorteile der Zentralisation von Aufgaben sind im allgemeinen:

- günstigere Einsatzmöglichkeiten für spezialisierte Fachkräfte und Betriebsmittel;
- einheitliche Führung, größere Übersichtlichkeit, bessere Kontrollmöglichkeiten;
- Kostenersparnis, sofern Arbeitskräfte und Betriebsmittel besser ausgelastet werden können.

Vorteile der Dezentralisation von Aufgaben sind im allgemeinen:

- größere Selbständigkeit der Aufgabenträger und damit verbunden erhöhtes Verantwortungsbewußtsein und mehr Initiative;
- Entlastung der vorgeordneten Leitungsstelle, welche sich damit stärker auf wesentliche Probleme (das Treffen von wichtigen Entscheidungen) konzentrieren kann;
- größere Nähe zum Objekt (Kunden, Kundendaten, Lieferanten, Lieferantendaten) und damit mehr Detailkenntnisse, weniger Rückfragen und schnellere Fehlerbeseitigung.

Nachdem nunmehr die Probleme der Zentralisation und Dezentralisation ausführlich behandelt wurden, soll die letzte Frage dieses Kapitels beantwortet werden. Auch hier wollen wir das Problem wieder anhand einer Fallstudie erarbeiten.

Was muß man bei der Bildung (oder Änderung) von Abteilungen beachten?

Fallstudie

Die Firma „Baumann GmbH" stellt Produktionsanlagen für die Industrie her. Die Einzelaggregate werden in einer Fabrik gefertigt, die Montage der Teile erfolgt außerhalb bei den einzelnen Kunden. Die Mitarbeiterzahl beträgt rund 200, davon allein in den Abteilungen „Einzelfertigung" und „Montage" etwa 150. Wegen organisatorischer Unzulänglichkeiten, die in letzter Zeit immer deutlicher geworden sind, wurde ein Mitarbeiter zunächst mit der Aufnahme der tatsächlich gegebenen, „historisch gewachsenen" Aufbaustruktur des Betriebes betraut. Das Ergebnis der Ist-Aufnahme zeigt Abb. 30. Welche Unzulänglichkeiten weist die Organisation des Betriebes bzw. der Organisationsplan des Mitarbeiters auf? Betrachten Sie Abb. 30 und zählen Sie mindestens drei Mängel auf. Schreiben sie die Fehler unten stichwortartig in die Leerzeilen hinein.

Folgende Mängel sind festzustellen:

1. ______________________________

____

2. ______________________________

____

3. ______________________________

____

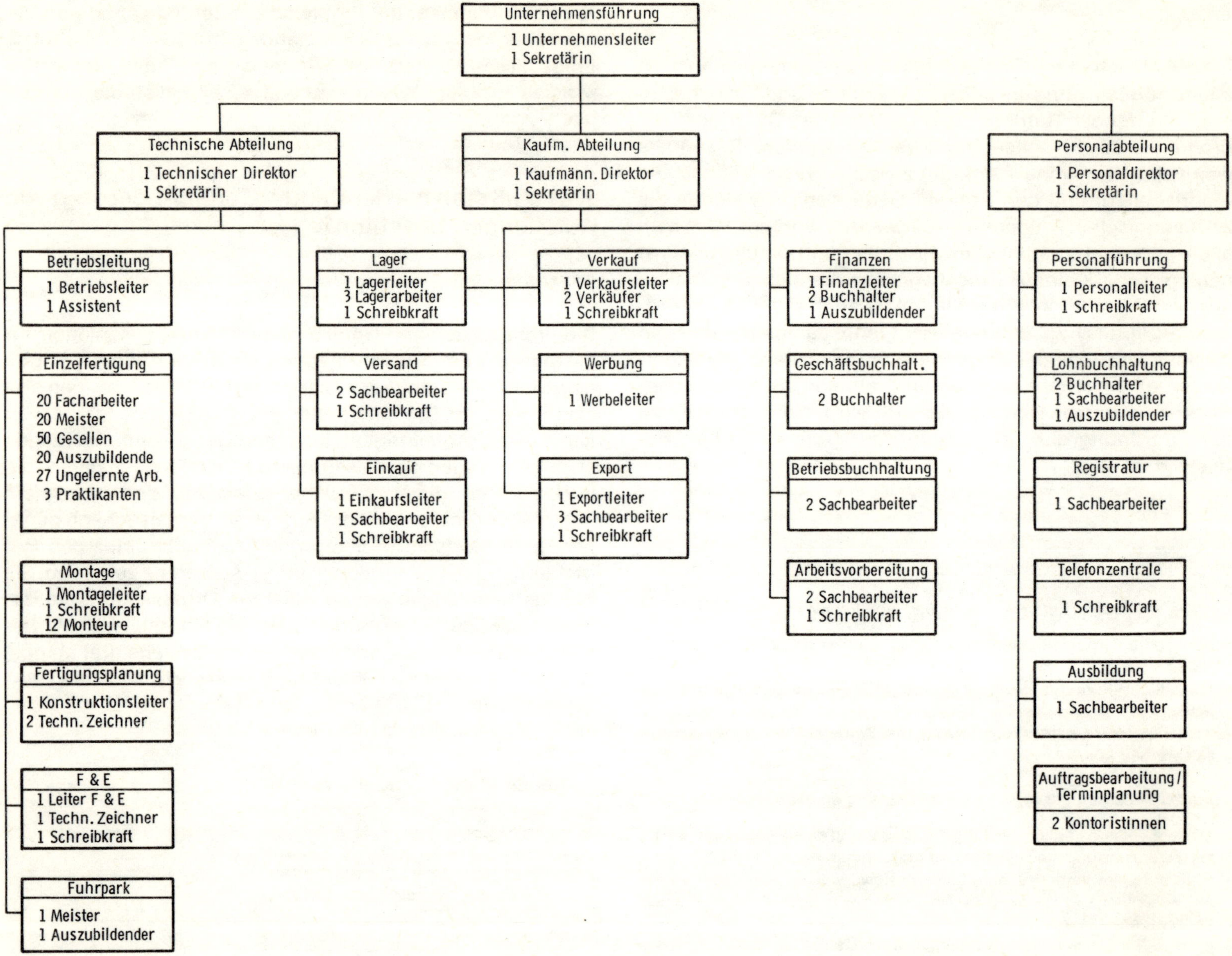

Abb. 30: Organisationsplan eines Industriebetriebes im Ist-Zustand

Lösung

1. Kompetenzüberschneidungen

Die Weisungsverhältnisse sind in dem betreffenden „Musterbetrieb" nicht eindeutig geklärt. Der Lagerleiter ist sowohl dem technischen als auch dem kaufmännischen Direktor unmittelbar unterstellt. Wer bekommt im Falle von Meinungsverschiedenheiten Recht, der technische oder der kaufmännische Direktor? Nach wem hat sich der Lagerleiter im Zweifel eher zu richten? Da der Lagerleiter Anweisungen von zwei verschiedenen Stellen bekommen kann, sind Streitigkeiten und Leistungsminderungen möglich. Mehrfachunterstellungen haben den Nachteil, daß die Einheitlichkeit der Führung verlorengeht. Sie kommen daher in der Praxis heute nur dann vor, wenn sich die Befugnisse der übergeordneten Stellen klar voneinander abgrenzen lassen. Das wäre zum Beispiel der Fall, wenn ein Unternehmen, sagen wir, Landmaschinen und Baumschinen herstellen würde und ein Direktor dem Lagerleiter Anweisungen bezüglich Landmaschinen und ein anderer Direktor dem Lagerleiter Anweisungen bezüglich Baumaschinen geben könnte. Eine solche Aufteilung liegt hier jedoch nicht vor.

Vorschlag 1: Die Kompetenzüberschneidungen sind zu vermeiden, indem die Lagerabteilung entweder dem einen oder anderen Bereich eindeutig zugeordnet wird. Im Grenzfall müßten zwei Unterabteilungen gebildet werden, sodaß der Produktionsabteilung zum Beispiel ein Rohstoff- bzw. Halbfertigfabrikatelager und der kaufmännischen Abteilung ein Fertigfabrikatelager unterstellt wird.

---

2. Rangmäßige Überbetonung einzelner Aufgaben und Mitarbeiter

In dem vorliegenden Beispiel ist der Direktionsbereich Personal gegenüber den beiden anderen Bereichen überbetont, abgesehen davon, daß dem Personalsektor Verwaltungsaufgaben zugeordnet sind, die eigentlich nichts mit dem Personalsachbereich zu tun haben wie zum Beispiel Registratur, Telefonzentrale und Auftragsbearbeitung mit Terminplanung. Der Personalbereich erscheint damit unnötig aufgebläht. Zumindest der Personaldirektor ist nicht nur fehlbesetzt, sondern auch überflüssig. Er könnte eingespart werden. Die Anzahl der ihm unterstellten Mitarbeiter ist gering. Die Unterabteilungen sind sehr klein. Eine derartige Aufbaustruktur könnte nur dann gerechtfertigt sein, wenn es sich jeweils um komplizierte, auf verschiedene Sachgebiete bezogene, stark spezialisierte Arbeitsgebiete handeln würde. Wenn es dagegen wie im vorliegenden Fall gleichartige Routineaufgaben sind, dann können größere Abteilungen mit entsprechend weniger leitenden Stellen gebildet werden. Grundsätzlich sollten allerdings den Vorgesetzten nach einem Leitsatz von Fayol jeweils nicht mehr als zwei bis fünf leitende Stellen bzw. nicht mehr als 15 ausführende Stellen unmittelbar unterstellt werden.
Aber auch der Lagerleiter ist neben dem Betriebsleiter und dem Verkaufsleiter rangmäßig zu hoch eingestuft. Die Überbetonung der Lagerhaltung als Hauptabteilung ist in diesem Produktionsbetrieb sowohl vom Aufgabenumfang als auch von der -bedeutung her gesehen nicht gerechtfertigt (vgl. hierzu den vorigen Abschnitt dieses Kapitels). Abteilungen einer Ebene sollten im Arbeitsumfang bzw. in der Bedeutung ungefähr gleichgewichtig sein. Zu viele rangmäßig zu hoch eingeordnete Führungskräfte mit relativ kleinen Arbeitsgebieten sind für den Betrieb unwirtschaftlich.

Vorschlag 2: Es wäre zweckmäßig, den Direktionsbereich „Personal" aufzulösen. Die Personalabteilung wird dem neu zu bildenden Direktionsbereich „kaufmännische Verwaltung" unterstellt. Die Lagerhaltung wird als Unterabteilung eingerichtet. Es soll hier einmal unterstellt werden, daß bei der Lagerung der Güter kaum technische Probleme, dafür aber umso mehr wirtschaftliche Probleme (z. B. geringstmögliche Kapitalbindung, Kalkulation usw.) auftreten. Die Lagerabteilung sollte unter diesen Umständen dem kaufmännischen Sektor zugeordnet werden. (Weitere Möglichkeiten wurden im vorigen Abschnitt über die Zentralisation bzw. Dezentralisation erörtert.)

---

3. Unzweckmäßige Aufgabenzuordnung

In dem vorliegenden „Musterbetrieb" sind wesensfremde Aufgaben einander zugeordnet. Das krasseste Beispiel stellt hierbei die „Arbeitsvorbereitung" dar, welche dem Wesen nach nicht zur kaufmännischen, sondern zur technischen Abteilung gehört, denn die Arbeitsvorbereitung ist eine Abteilung, die sich mit der Disposition von Arbeitskräften, Maschinen und Abläufen zur Produktion befaßt. Und wie wir schon gesehen haben, gehören die Aufgaben Registratur, Telefonzentrale, Auftragsbearbeitung und Terminplanung nicht zum Personalbereich.

Vorschlag 3: Es ist eine Abteilung „Allgemeine Verwaltung" einzurichten, der die Aufgaben Geschäftsausstattung, Telefonzentrale und Registratur zugeordnet werden. Diese ist der kaufmännischen Verwaltung zu unterstellen. Die Arbeitsvorbereitung kommt zur technischen Abteilung.

---

4. Unzweckmäßige Unterstellungsverhältnisse

Besonders im technischen Bereich häufen sich die direkt nachgeordneten Stellen. Dem technischen Direktor sind relativ viel Abteilungsleiter unmittelbar unterstellt. Hier empfiehlt es sich, zwei getrennte Gruppen von Abteilungen zu bilden: Abteilungen, die sich mit Planung, Vorbereitung, Forschung und Entwicklung beschäftigen, bilden eine Gruppe, und Abteilungen, die mit der Fertigungsdurchführung (Einzelfertigung, Montage) betraut sind, bilden die andere Gruppe. Eine bloße Addition aller technischen Abteilungen wie in Abb. 30 birgt die Gefahr, daß der technische Direktor überlastet ist und sich den eigentlichen Führungsaufgaben nicht in ausreichendem Maße widmen kann.

Vorschlag 4: Da die Zahl der dem technischen Direktor unmittelbar unterstellten Mitarbeiter relativ groß ist, empfiehlt es sich, zwei Hauptabteilungen („Fertigungsplanung" und „Fertigung") zu bilden. Diese Lösung hat den Vorteil, daß stärker spezialisierte Fachleiter eingesetzt werden können, welche den technischen Direktor entlasten.

Betrachten Sie nunmehr Abbildung 31. Sie zeigt eine mögliche Lösung. Die einzelnen Bereiche sind jetzt überschaubarer geworden. Die Weisungsverhältnisse sind klar und eindeutig. Die sachlich zusammengehörenden Unterabteilungen sind entsprechend zugeordnet. Die Führung ist straffer gegliedert. Im mittleren Management können mehr spezialisierte Fachkräfte eingesetzt werden. Der langgediente Personaldirektor konnte pensioniert werden. Kleinere Unterabteilungen wurden, soweit möglich, zusammengefaßt. Die vorliegende Lösung müßte nunmehr in dem betreffenden Betrieb auf ihre praktische Realisierbarkeit überprüft werden. Können die neu geschaffenen Stellen entsprechend besetzt und die alten entsprechend aufgelöst bzw. verändert werden? Wie ist die Arbeitsauslastung? Ist die Kompetenzverteilung zweckmäßig? Sind die einzelnen Arbeitsschritte der übergreifenden Arbeitsabläufe zwischen den Abteilungen sinnvoll zugeordnet? Ist die neue Lösung wirtschaftlicher, d. h. sind die erzielbaren Einsparungen größer als die Mehraufwendungen? Ist eine räumliche Neugliederung erforderlich und wenn ja, lassen die gegebenen räumlichen Verhältnisse die Neugliederung zu? Fragen dieser Art müssen also erst beantwortet werden, bevor eine Änderung vorgenommen werden kann. Bei umfangreicheren Neugliederungen müssen die vorhandenen Aufgabenstrukturen in Aufgaben- und Arbeitslisten (Kapitel 4), die Arbeitsabläufe durch Ablaufpläne (Kapitel 5) und die Wirtschaftlichkeit durch zumindest einfache Kostenvergleichsrechnungen (Kapitel 6) erfaßt und überprüft werden. Ein wichtiger „Nebeneffekt" würde sich daraus sicher ergeben: die Arbeitsabläufe könnten neu durchdacht und gegebenenfalls rationalisiert werden.

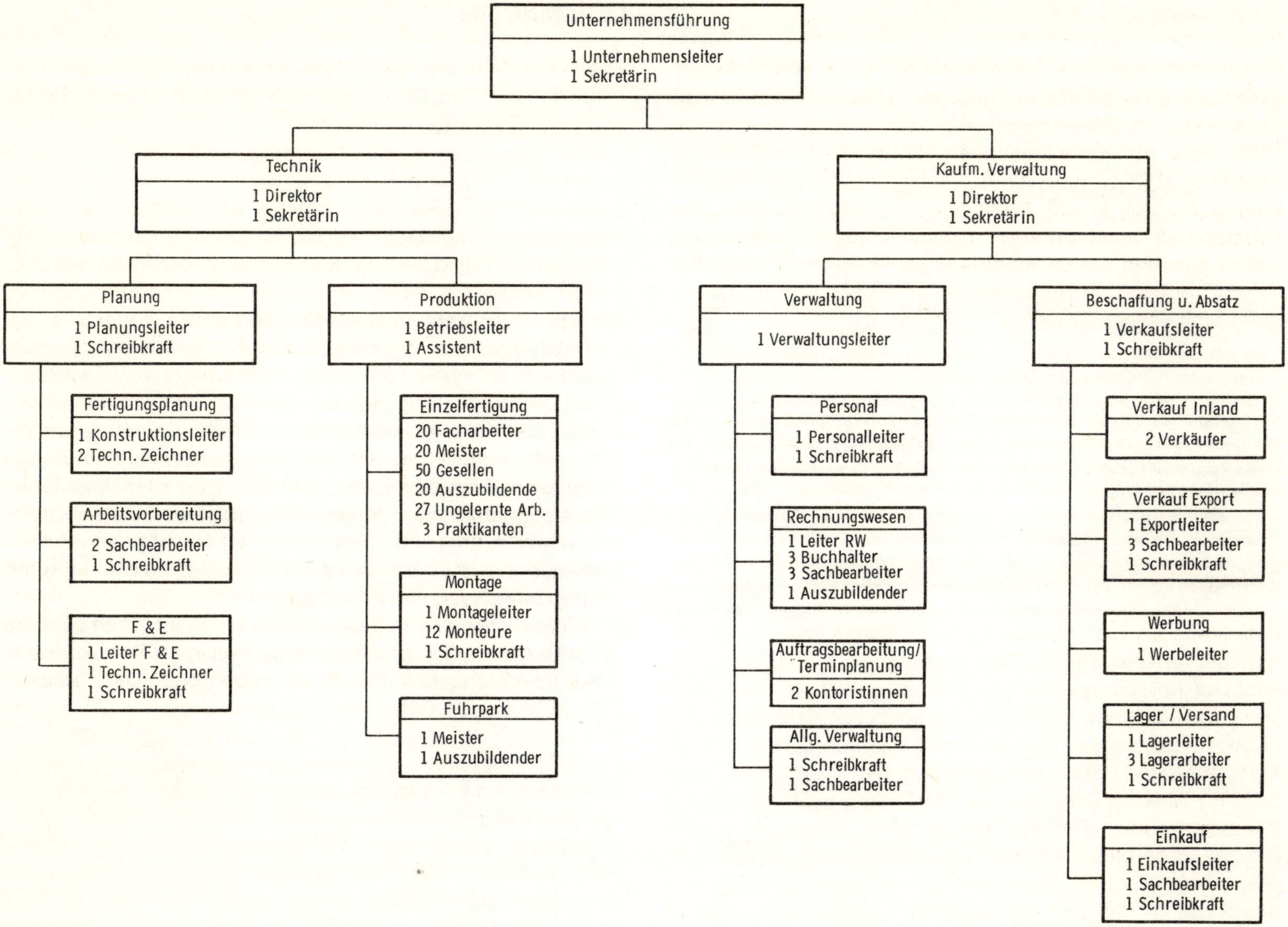

Abb. 31: Organisationsplan eines Industriebetriebes (möglicher Soll-Vorschlag)

Einige der *wichtigsten Grundsätze,* die bei der Bildung (bzw. Änderung) von Abteilungen zu beachten sind, werden hier noch einmal zusammengefaßt:

1. Die Weisungsverhältnisse sind eindeutig zu klären. Kompetenzüberschneidungen sind zu vermeiden.
2. Die Bildung relativ kleiner Abteilungen ist nur bei stark spezialisierten Arbeitsbereichen erforderlich. Bei Vorliegen gleichartiger Routineaufgaben können größere Abteilungen gebildet werden.
3. Auf jeder Ebene sind etwa gleich wichtige Abteilungen anzuordnen. Die Lagerhaltung ist beispielsweise abgesehen von Großhandelsbetrieben oder Lagereibetrieben in der Regel nicht gleich bedeutend mit der Produktion oder dem Verkauf.
4. Die Aufgaben einer Abteilung müssen sachlich zusammengefaßt werden, da sonst die Gefahr besteht, daß der Abteilungsleiter die Arbeiten innerhalb seiner Abteilung nicht richtig einschätzen und die Ergebnisse seiner Mitarbeiter nicht sicher beurteilen kann.
5. Den Führungskräften des Betriebes sind mit zunehmendem Rang in der Regel immer weniger leitende Stellen unmittelbar zu unterstellen, da die Probleme mit aufsteigendem Rang immer komplizierter werden. Man geht von etwa zwei bis fünf unmittelbar unterstellten leitenden Mitarbeitern je Führungskraft aus.
6. Der verantwortliche Organisator sollte zunächst einen Aufgabengliederungsplan (Kapitel 1) erstellen. Auf dieser Grundlage läßt sich ein Organisationsplan erarbeiten. Informationen über die notwendigen in dem betreffenden Betrieb zu erfüllenden Aufgaben erhält er durch Aufgaben- und Arbeitslisten, Branchenvergleiche und auch zusätzlich durch Literaturstudium.

Lernkontrolle

1. Beim Organisationsplan gibt es grundsätzlich zwei Ausführungen: den Grob- und den Detailplan. Worin unterscheiden sich beide? (S. 27)
2. Was versteht man unter Zentralisation (Dezentralisation)? (S. 31)
3. Gliedern Sie zwei Ihnen bekannte Aufgaben nach dem Muster von Abb. 23, so daß die Aufgaben jeweils nach dem Merkmal Objekt und dem Merkmal Verrichtung zentralisiert werden! (S. 34)
4. Fertigen Sie nach dem Muster der Fallstudie von S. 36 die Grobskizze eines Organisationsplans des Ihnen bekannten Betriebs an, wählen Sie eine Aufgabe aus (z. B. Verwaltung, Organisation, EDV, Einkauf, Verkauf) und versuchen Sie, zwei oder drei Möglichkeiten zu finden, nach denen die Aufgabe eingeordnet werden könnte. Könnte die Aufgabe vielleicht nach Objekten, Verrichtungen oder räumlichen Gesichtspunkten zentralisiert bzw. dezentralisiert werden? Stellen Sie Vor- und Nachteile jeder Lösung gegenüber!
5. Nennen Sie mindestens drei Grundsätze, die bei der Abteilungsbildung zu beachten sind! (S. 44)
6. Zeichnen Sie den Organisationsplan eines Ihnen bekannten Betriebes (bei größeren Betrieben in großen Umrissen, bei kleineren bis mittleren Betrieben detailliert)! (Muster S. 26 und S. 29, 30).

3 Stelle

Problemstellung

Fall 1: Nach welchen Grundsätzen werden einem Mitarbeiter Aufgaben sachlich und umfangmäßig richtig zugeordnet?

Vier Mitarbeiter einer Abteilung sind praktisch „hoffnungslos" überlastet. Es soll jedoch Abhilfe geschaffen werden. Ein neuer Mitarbeiter wird eingestellt. Sie als Gruppenleiter sollen die Arbeit in der Abteilung umverteilen und dem neuen Mitarbeiter diejenigen Aufgaben zuweisen, die er in Zukunft erfüllen soll.

Fall 2: Wie können einem Mitarbeiter Aufgaben, Verantwortung und Kompetenzen verdeutlicht werden?

Zur Bearbeitung Ihrer Aufgaben sind ständige Rückfragen notwendig. Die Vorgesetzten sind überlastet. Es bestehen Streitigkeiten zwischen den Mitarbeitern, weil Aufgabenverteilung und Zuständigkeiten unklar sind. Beim Wechsel eines Mitarbeiters geht viel Zeit für dessen Einarbeitung verloren, weil jeder wieder von neuem angeleitet werden muß. Verschiedene Gehaltsgruppierungen der Mitarbeiter sind unverständlich und stoßen auf Kritik. Die Anweisungsverhältnisse sind „historisch gewachsen", aber nicht eindeutig. Aus dieser Situation heraus schlagen Sie die Einführung von Stellenbeschreibungen vor.

Im Fall 1 steht die Stellenbildung im Vordergrund. Wie geht man vor bei der Zusammenstellung der Aufgaben für einen Mitarbeiter? Grundlage der Stellenbildung ist der Aufgabengliederungsplan, der aus Kapitel 1 schon bekannt ist, und der noch zu besprechende Stellenplan. Aus der Fülle der Fragen zur Stellenbildung wurden folgende ausgewählt:

1. Stimmt der Grundsatz, daß *eine Aufgabe* möglichst *durch eine Stelle vollständig erfüllt* werden soll?
2. Soll *Verantwortung stärker delegiert* werden?
3. Wie ermittelt man den *Arbeitsumfang* von Aufgaben, um daraus schließlich die *Anzahl der benötigten Stellen* (oder die für eine Aufgabe erforderliche Anzahl Stunden je Stelle) zu gewinnen?
4. Wieviel *leitende Stellen* sind in einem Betrieb erforderlich und wieviel verschiedene *Rangstufen* sind zu bilden?
5. Sollen je Mitarbeiter *eher gleichartige oder eher verschiedenartige Aufgaben* zusammengefaßt werden?

Zum Fall 2, der sich mit der Stellenbeschreibung beschäftigt, sollen folgende Fragen behandelt werden:

1. *Aus welchen Teilen* besteht eine *Stellenbeschreibung*, und welche Informationen sollte sie enthalten?
2. Wie berücksichtigt man die *Funktionen eines Mitarbeiters* (z. B. Entscheidung, Beratung, Planung, Durchführung etc.) in Stellenbeschreibungen?
3. Welche *Vorteile haben Stellenbeschreibungen?*
4. Sollte der Genauigkeitsgrad von Stellenbeschreibungen durch *grafische Arbeitsablaufdarstellungen* erhöht werden?

Lernziel

Sie sollen künftig Stellenbeschreibungen in Ihrem Betrieb selbständig erarbeiten können. Darüberhinaus sollen Sie Stellen gegebenenfalls überprüfen, ändern, neu bilden oder wenigstens bei Aufgaben dieser Art beratend mitwirken können.

Lösung

Stellenplan

Angenommen, die in einer Abteilung zu bewältigenden Aufgaben seien in einer Aufgabenübersicht (z. B. einem Aufgabengliederungsplan) zusammengestellt und sollen nunmehr auf die Mitarbeiter verteilt werden. Wie müßte man vorgehen? Am besten ist eine Tabelle, bei der links in die einzelnen Zeilen die Aufgaben untereinander und daneben Spalte für Spalte die notwendigen Stellen vermerkt werden. Eine solche Tabelle nennt man *Stellenplan.* Um den Personalbedarf zu ermitteln, werden die Spalten zusätzlich in Soll und Ist unterteilt (vgl. Abb. 32).

Stimmt der Grundsatz, daß eine Aufgabe möglichst durch eine Stelle vollständig erfüllt werden soll?

Aufgabe

Wenn Sie Aufgaben auf *zwei neu zu bildende Stellen* (neu einzustellende Mitarbeiter) verteilen sollen, würden Sie dann die Arbeit so verteilen, daß grundsätzlich ein Mitarbeiter eine ihm zugeordnete Aufgabe jeweils vollständig bearbeiten soll, oder wovon würden Sie sich leiten lassen? Geben Sie zunächst einige *Beispiele* aus Ihrer Betriebspraxis und nehmen Sie dann dazu Stellung.

1. Geben Sie zwei Beispiele für Aufgaben, die von einer Stelle bearbeitet werden sollten:

a) ______________________________

b) ______________________________

2. Geben Sie zwei Beispiele für Aufgaben, bei denen diese Bedingung nicht gelten sollte:

a) ______________________________

b) ______________________________

3. Ihre Stellungnahme:

____

____

____

____

Lösung

Die nachfolgend hier aufgeführten Beispiele dürfen nicht verallgemeinert und auf alle Betriebe angewendet werden. Branche, Anzahl der Beschäftigten, Art der Kundenbeziehungen usw. bedingen individuelle Differenzierungen.

1. Aufgaben, die jeweils von einer Stelle zu erfüllen sind, können beispielsweise sein:
   a) Eine Wirtschaftlichkeitsrechnung über den Einsatz zweier Datenerfassungsgeräte durchführen.
   b) Angebote einholen.
2. Es ist aber auch möglich, daß
   a) der Arbeitsumfang zu groß ist, so daß die Arbeitsmenge nicht von einer Stelle allein bewältigt werden kann (Beispiel: Mehrere Vertreter sind für verschiedene Bezirke eingesetzt);

b) bestimmte Funktionen (Entscheidungs- oder Kontrollfunktionen) aus der Aufgabenerfüllung einer Stelle ausgegliedert und auf verschiedene Stellen verteilt werden (Beispiel: Wegen besserer Kontrollmöglichkeit werden innerhalb der Lagerhaltung der Warenverkehr und die Lagerverwaltung auf verschiedene Aufgabenträger verteilt. Das Ergebnis ist z. B.: ein Lagerverwalter und ein Lagerarbeiter).

3. Stellungnahme: Es spricht vieles dafür, daß eine Aufgabe vollständig von einer Stelle bearbeitet wird. Wenn mehrere Stellen an der Durchführung beispielsweise einer Wirtschaftlichkeitsrechnung beteiligt sind, dann muß sich jede Stelle erst in die Materie neu einarbeiten, evtl. eigene Nachforschungen anstellen etc. Das bedeutet Zeitverlust und führt zu Doppelarbeiten. Wenn mehrere Stellen Angebote einholen, dann müssen die Arbeiten koordiniert wer-

Abb. 32: Stellenplan

Stellen / Aufgaben	Abteilung: Datenverarbeitung																											
	Leiter EDV		Leiter Systemanalyse		Systemanalytiker		...		Leiter Programmierung		Programmierer		...		Arbeitsvorbereitung		...		Datenerfassung		...		Leiter EDV-System		Konsolbediener		...	
	Soll	Ist	Soll	Ist	Soll	Ist	Soll	Ist	Soll	Ist	Soll	Ist	Soll	Ist	Soll	Ist	Soll	Ist	Soll	Ist	Soll	Ist	Soll	Ist	Soll	Ist	Soll	Ist
Personaleinsatzplanung	X																											
Kontrolle Dokumentation			X																									
Projektanalyse			X		X																							
Programmierung									X		X																	
Auslastungsplanung															X													
Beleggestaltung																			X									
⋮																												
⋮																												

den, sonst entstehen auch hier Doppelarbeiten und damit höhere Kosten. Eine Spezialisierung einer Stelle etwa auf kleinere Objekte bis DM 1000.– und einer anderen auf größere Objekte über DM 1000.– oder auf verschiedene Sachgebiete könnte immerhin eine sinnvolle Lösung darstellen. Man kann daher die These, die eingangs aufgestellt wurde, zwar als einen Grundsatz ansehen, diesem Grundsatz jedoch eine Reihe von Ausnahmen entgegenstellen.

Ergebnis:

Eine Aufgabe sollte grundsätzlich von einer Stelle vollständig bearbeitet werden, es sei denn,

- der *Aufgabenumfang* ist zu groß, so daß die Arbeitsmenge nicht von einer Stelle bewältigt werden kann;
- die Erfüllung der Aufgabe soll innerhalb einer *kürzeren Zeit* erfolgen, als die Bearbeitung derselben durch eine Stelle erwarten läßt;
- *bestimmte Funktionen* (z. B. Entscheidungsfunktionen) sind vorgeordneten Stellen vorbehalten;
- *bestimmte Aufgaben* werden herausgegliedert und von darauf besonders spezialisierten Arbeitskräften (oder auch von maschinellen Hilfsmitteln) erledigt, (z. B. Routineaufgaben);
- Arbeitsgänge werden aus *Kontrollgründen* auf mehrere Personen verteilt.

Soll Verantwortung stärker delegiert werden?

Untergeordnete Stellen besitzen heute in der Regel eine größere Selbständigkeit und Eigenverantwortlichkeit als früher. *Die neueren Führungskonzeptionen* zeichnen sich vor allem durch folgende Punkte aus:

1. *Klare Zielvorgaben.* Haupt- und Einzelziele werden für den Gesamtbetrieb, die einzelnen Abteilungen und Stellen festgelegt, wobei die betreffenden *Mitarbeiter* (auch die untergeordneten Stellen) *bei der Zielfindung mitwirken* (Management by Objectives).
2. *Motivation der Mitarbeiter zu selbständigem Handeln* innerhalb der vorgegebenen Ziele und Aufgaben durch die vorgesetzte Stelle. Die Vorgesetzten-Unterstellten-Beziehung bekommt ein mehr *partnerschaftliches Gewicht* (Management by Delegation).
3. *Eingreifen* der vorgeordneten Stelle *nur im Falle von Zielabweichungen* über einen vereinbarten Richtwert hinaus (Management by Exception).

Voraussetzungen für die Funktionsfähigkeit eines modernen Managements sind:

- Aufbau eines aktuell informierenden Berichtswesens,
- Erarbeitung von Stellenbeschreibungen mit klaren Richtlinien über die Kompetenzverteilung,
- Erstellung von Haupt-, Bereichs- und Detailplänen in regelmäßigen Abständen (z. B. Monats-, Vierteljahres-, Jahres-, Mehrjahrespläne).

Wie ermittelt man den Arbeitsumfang für den Mitarbeiter?

Zur Bestimmung des Arbeitsumfangs müssen die beiden Faktoren *Arbeitszeit je Aufgabe* oder Aufgabenkomplex bzw. *Arbeitsmenge* ermittelt werden. Zur Arbeitszeitermittlung gibt es mehrere Verfahren, von denen vier der wichtigsten vorgestellt werden sollen:

1. Laufende Aufschreibung

Die laufende Aufschreibung erfolgt mit Hilfe der Tätigkeitsliste, die eine *chronologische Aufzeichnung der Tätigkeiten* mit ihren genauen Zeiten gestattet. Eine vereinfachte Liste zeigt Abb. 33 auf Seite 49.

Die Tätigkeitszeiten je Aufgabe brauchen nur noch addiert zu werden. Bei Aufschreibungen dieser Art *gibt man allerdings der betreffenden Stelle bekannt, daß man nur mit 85% Anwesenheitszeit* rechnet. *Erfahrene Organisatoren wissen, daß die Angaben bei 100%igem Anwesenheitszwang meist bewußt überdehnt werden.* 15% Pausen, Abwesenheit etc. können also von vornherein einkalkuliert werden.

Abteilung: Stelle: Nr.:

Nr.	Tätigkeit	Zeit von	bis	Dauer (in Min)
1	Unterlagen zusammenstellen	8.00	8.10	10
2	Bericht schreiben	8.10	9.40	90
3	Kaffeepause	9.40	10.00	20

Abb. 33: Zeitermittlung durch Tätigkeitsliste

2. Schätzverfahren

Es gibt verschiedene Schätzverfahren. Ein oft angewandtes Verfahren ist das folgende: Die am häufigsten an einem Arbeitsplatz vorkommende Tätigkeit wird von dem betreffenden Sachbearbeiter als *Prozentwert gegenüber der Gesamtzeit pro Woche oder Monat* geschätzt. Von einer zweiten Tätigkeit wird dann angegeben, um wieviel Prozent sie kürzer oder länger dauert als die erste usw.

Beispiel

Arbeitszeit: 5 Tage mit je 8 Stunden. Der Sachbearbeiter A braucht für Tätigkeit 1 jeden Tag etwa 2 Stunden, pro Woche also 10 Stunden. Tätigkeit 1 beansprucht also 25% der Gesamtzeit. Von Tätigkeit 2 behauptet A, er benötige dafür etwa halb so viel Zeit wie für Tätigkeit 1, also 12,5%. Tätigkeit 3 wird dann mit „etwas weniger als Tätigkeit 2" geschätzt, also etwa 10%. Für Tätigkeit 4 wird „gut die Hälfte der Zeit von Tätigkeit 3" angegeben, also etwa 6% usf.

Tätigkeit 1	25%	entspricht	10	Stunden pro Woche
Tätigkeit 2	12,5%	entspricht	5	Stunden pro Woche
Tätigkeit 3	10%	entspricht	4	Stunden pro Woche
Tätigkeit 4	6%	entspricht	2,4	Stunden pro Woche

3. Multimoment-Stichproben-Verfahren

Das Wort Multimoment-Stichprobe deutet bereits an, worum es bei diesem Verfahren geht: Zu vielen, verschiedenen Zeitpunkten (Momenten) werden die gerade an den Arbeitsplätzen durchgeführten Tätigkeiten per Strichliste erfaßt. Die Summe der Striche je Tätigkeit wird jeweils zur Gesamtzahl der Stichproben ins Verhältnis gesetzt und prozentual angegeben. Die Prozentzahlen spiegeln das Zeitverhältnis wieder. Auf einen Monat bezogen erhält man beispielsweise die genaue Anzahl Tage, die jede Tätigkeit in diesem Monat verbraucht hat.

Beispiel

Zwei Arbeitsplätze werden an fünf Tagen mit normaler Arbeitsbelastung pro Tag zehnmal an zufällig ausgewählten Zeitpunkten beobachtet und die jeweils beobachteten Tätigkeiten in folgender Strichliste erfaßt (Gesamtzahl der Beobachtungen = 100).

Tätigkeiten	bei Stelle A beobachtet	insgesamt	in %	bei Stelle B beobachtet	insgesamt	in %
Tätigkeit 1	𝍸 |||	8	16	𝍸 𝍸	10	20
Tätigkeit 2	𝍸 𝍸 𝍸 𝍸 𝍸	25	50		0	0
Tätigkeit 3	|	1	2	𝍸 𝍸 𝍸 𝍸 |	21	42
:		:	:	:	:	:
Tätigkeit 6 (Samstg Abwesend, Unklar)	||	2	4	𝍸	5	10
Summe		50	100		50	100

Abb. 34: Multimoment-Stichprobe

Aus der obenstehenden Tabelle läßt sich nunmehr ermitteln, daß *Stelle B für Tätigkeit 1* von 20 Arbeitstagen im Monat durchschnittlich 4 Arbeitstage (= 20% von 20 Arbeitstagen) verwendet. Legt man als Maßstab zum Beispiel den Zeitraum eines Tages mit 8 Stunden an, dann kann ausgesagt werden, daß *Stelle A für Tätigkeit 2* durchschnittlich 4 Stunden pro Tag verbraucht (= 50% von 8 Stunden).

Bei einer genügend großen Anzahl Stichproben (ungefähr ab 150 pro Mitarbeiter) zeigt sich eine erstaunliche Genauigkeit, die etwa Messungen mit der Stoppuhr kaum nachstehen!

4. Zeitstudien

Bei den Zeitstudien werden die Zeiten mit der Stoppuhr gemessen. Solche Zeitstudien werden von *Refa-Fachleuten vor allem im Fertigungsbereich* in Form von genauen *Bewegungsstudien* durchgeführt. Dabei werden die Arbeitsschritte in kleinste Arbeitseinheiten wie „Arbeitsgriffe" oder „Griffelemente" untergliedert. Interessierte werden auf die entsprechende Refa-Fachliteratur verwiesen.
In vielen Fällen ist eine genaue Zeitberechnung allerdings nicht möglich. Mit wieviel Zeit soll das „Schreiben eines Berichts" das „Erstellen einer Wirtschaftlichkeitsberechnung" oder die „Finanzbeschaffung" angegeben werden? Hier helfen *oft nur grobe Schätzwerte.* Die Arbeitsmengen können beispielsweise durch Strichlisten, Statistiken u.ä.m. erfaßt werden.
Die *Arbeitsmenge* kann ebenfalls entweder grob geschätzt oder genau ermittelt werden. Arbeitsmengen sind beispielsweise: Anzahl der Rechnungen, Anzahl der Buchungen, Anzahl der verkauften bzw. produzierten Stücke, Anzahl der Warenein- und -ausgänge usw. Die *Gesamtzeit* (t_G) wird dann errechnet aus der Anzahl der bearbeiteten Objekte oder der Verrichtungen (t_m) multipliziert mit der je Einheit benötigten Arbeitsdauer (t_d):

$$t_G = t_m \times t_d$$

Die *Anzahl der benötigten Arbeitskräfte* für eine Aufgabe ermittelt sich aus der Gesamtzeit dieser Aufgabe pro Tag (allgemein pro Zeiteinheit) dividiert durch die Arbeitszeit, die eine Arbeitskraft pro Tag (allgemein pro Zeiteinheit) zur Verfügung steht (reine Arbeitszeit).

Aufgabe

Pro Tag werden 660 Rechnungen mit einer Bearbeitungsdauer von 2,5 Minuten geschrieben. Wieviel Stellen werden benötigt, wenn man annimmt, daß pro Tag 5,5 Stunden je Arbeitskraft für die Fakturierung bleiben?

(1) Gesamtzeit der Aufgabe „Fakturierung" pro Tag: ______

(2) Arbeitszeit einer Arbeitskraft pro Tag z. B.: ______

(1) dividiert durch (2) ergibt: ______

Lösung

Die Gesamtzeit für das Rechnungsschreiben pro Tag beträgt $660 \times 2{,}5 = 1650$.
330 Minuten stehen je Arbeitskraft an reiner Arbeitszeit für das Fakturieren zur Verfügung (Annahme). *1650 : 330 ergibt 5 Stellen.*
Die Arbeit ist also insgesamt auf 5 Arbeitskräfte zu verteilen. Die Anzahl der Arbeitskräfte ermittelt sich daher aus der Gesamtzeit der Aufgabe dividiert durch die pro Tag je Arbeitskraft zur Verfügung stehende Arbeitszeit.

Wieviel leitende Mitarbeiter in welchen Rangstufen werden gebraucht?

Leitende Aufgaben sind solche Aufgaben, bei denen Ziele und/oder Mittel festgelegt werden, die für die jeweils nachgeordneten Stellen verbindlich sind.
Leitende Stellen können nachgeordneten Stellen Aufträge erteilen, Arbeitsrichtlinien und Durchführungsbedingungen vorgeben und die von nachgeordneten Stellen erzielten Ergebnisse anhand der vorgegebenen Planziele überprüfen.
Eine leitende Stelle kann erforderlich werden, sobald ein Aufgabenbereich von mehr als zwei Stellen bearbeitet wird. In kleineren Betrieben werden oft einer der ausführenden

Stellen gewisse Leitungsfunktionen übertragen, der Charakter der ausführenden Stelle bleibt sonst aber praktisch unverändert. Je mehr Mitarbeiter einer Stelle untergeordnet werden, um so größer ist der Anteil an leitenden Aufgaben, die diese Stelle zu übernehmen hat, und um so geringer ist der Anteil an ausführenden Aufgaben dieser Stelle. Nimmt die Anzahl der Mitarbeiter noch weiter zu, entstehen Zwischeninstanzen. Die Betriebshierarchie vergrößert sich. Der Anteil an leitenden Aufgaben nimmt mit steigendem Rang zu, auch wenn die Anzahl der unmittelbar unterstellten Mitarbeiter mit steigendem Rang abnimmt. Es läßt sich daher keine eindeutige Beziehung zwischen der Anzahl der unterstellten Mitarbeiter und dem Rang einer leitenden Stelle in der Betriebshierarchie herstellen. Ob und wieviel leitende Stellen gebildet werden, ist ohne genaue Kenntnis der im einzelnen vorliegenden Verhältnisse nicht zu bestimmen. Die sogenannte *Leitungsspanne* (die Anzahl der einer leitenden Stelle unmittelbar unterstellten Mitarbeiter) hängt unter anderem von der Art der Führungstechnik, von der Art der Aufgaben, von der Art der verwendeten Hilfsmittel, von der Erfahrung der Mitarbeiter ab.

Die Meinungen über die Größe der Leitungsspanne gehen auseinander. Als *Richtmaß* wird jedoch aus der praktischen Erfahrung heraus von zwei bis fünf Mitarbeitern gesprochen, die einer vorgesetzten Stelle unterstellt werden können, mit Ausnahme der letzten, der ausführenden Stufe der Betriebshierarchie, bei der bis zu 15 Mitarbeiter unterstellt werden können (nach einer Faustregel von Fayol). Es ist bekannt, daß mit aufsteigendem Rang die Beziehungen vielfältiger und komplizierter und die zu treffenden Entscheidungen entsprechend schwieriger werden, so daß die Anzahl der unmittelbar unterstellten Mitarbeiter nach oben hin abnimmt. Genaue und für alle Betriebe verbindliche Angaben lassen sich über die Größe der Leitungsspanne nicht machen, da jeweils auf die Besonderheiten des betreffenden Betriebes Rücksicht genommen werden muß.

Aufgabe

Angenommen in einem Betrieb arbeiten 400 ausführende Stellen. Im Durchschnitt seien je 15 ausführende Stellen einer leitenden Stelle untergeordnet. Drei leitenden Stellen sei wiederum durchschnittlich eine leitende Stelle jeweils übergeordnet. Wieviel leitende Stellen benötigt dieser Betrieb grob geschätzt und wieviel Stufen sollte diese Hierarchie haben?

Lösung

27 in der untersten Leitungsebene (Gruppenleiter, Meister), 9 auf der darüberliegenden Ebene (Abteilungsleiter), darüber wieder 3 (Hauptabteilungsleiter) und schließlich 1 Betriebsleiter, *insgesamt also eine fünfstufige Betriebshierarchie mit 40 leitenden Stellen.*

Sollen je Mitarbeiter eher gleichartige oder eher verschiedenartige Aufgaben zusammengefaßt werden?

Hier lassen sich zunächst zwei Extreme unterscheiden:

a) Eine Stelle hat eine stets wiederkehrende, völlig gleichartige Aufgabe zu erfüllen. Beispiel: Fließbandarbeit, Löten, Aussortieren etc. (*extreme Gleichartigkeit,* eine einzige Tätigkeitsart)
b) Einer Stelle werden Aufgaben aus völlig verschiedenen Sachgebieten zugeordnet, so daß sie die *verschiedenartigsten Objekte* zu bearbeiten hat. Beispiel: technische, kaufmännische, rechtliche Aufgaben.

Aufgabe

Geben Sie zu jeder Regelung einen Vorteil und einen Nachteil an:

Vorteil zu a) ______________________________

Nachteil zu a) ______________________________

Vorteil zu b) ______________________________

Nachteil zu b) ______________________________

Lösung

Vorteil zu a) Höhere Arbeitsgeschwindigkeit;
Nachteil zu a) Eintönigkeit, einseitige körperliche bzw. geistige Beanspruchung, psychische Schäden, mehr Fehler;
Vorteil zu b) Abwechslungsreiche Tätigkeit, interessantes Arbeitsgebiet;
Nachteil zu b) Überforderung, keine ausreichende Erfahrung.

Zweckmäßigerweise sind bei der Stellenbildung, wie man leicht erkennen kann, möglichst alle in den Vor- und Nachteilen genannten Komponenten zu berücksichtigen, so daß ein Kompromiß zwischen beiden Extremen angestrebt werden sollte.
Zwei an sich verschiedene Aufgaben wie beispielsweise Finanzierung und Kostenrechnung können dennoch in einzelnen Phasen gleichartige Aufgabenteile enthalten. Beispielsweise fallen bei beiden Aufgaben Schreibarbeiten an, welche herausgegliedert und speziellen Schreibstellen zugeordnet werden können. *Man sagt, diese Aufgaben sind hinsichtlich eines Merkmals (oder auch hinsichtlich mehrerer Merkmale) gleichartig.* So können also an sich verschiedene Aufgaben doch zusammen geplant, kontrolliert, geschrieben usw. werden. Es entstehen dann spezielle Planungsstellen, Kontrollstellen, Schreibstellen usw. Auch hier sind die Vor- und Nachteile der Zentralisierung bzw. der Dezentralisierung sowie der Spezialisierung der Mitarbeiter abzuwägen. Ein Satz von *Nell-Breuning* bestätigt, daß bei der Arbeitszerlegung und der daraus entstehenden Gefahr der Arbeitseintönigkeit die Persönlichkeit des einzelnen zu berücksichtigen ist: Alle Arbeitsleistungen sind so zu gestalten, „daß bei Sicherung des Betriebes jedem Mitarbeiter die Stätte, an welcher er einen so erheblichen Teil seines Lebens zubringt, eine Quelle innerer Befriedigung . . . und einer Aufwärtsentwicklung seiner Persönlichkeit werden kann.“ (Nell-Breuning, O.: Der Mensch im Betrieb, ZfB 20 (1950) 5, S. 260). Erkenntnisse dieser Art haben gerade in den letzten Jahren verstärkt zu einer Abkehr von zu weitgehender Spezialisierung geführt. Bekannt geworden sind dabei vor allem Versuche in der Autoindustrie, *von der Fließbandarbeit wieder mehr zur Werkstattfertigung* und damit zu abwechslungsreicherer und verantwortungsvollerer Tätigkeit für den einzelnen Mitarbeiter überzugehen, um dadurch mit Erfolg vor allem auch die bei Fließbandarbeit vorher bedrohlich angewachsene Ausschußproduktion wieder zu verringern.
Bei der Bildung von Stellen orientiert man sich zweckmäßigerweise am Arbeitsmarkt. Daraus folgt, daß die je Stelle zusammengefaßten Aufgaben sachlich mindestens in der Weise gleichartig sein sollen, daß die Aufgabenkomplexe je Stelle grundsätzlich mit den am Arbeitsmarkt sich herausbildenden Berufstypen vereinbar sind. Abweichungen von diesem Grundsatz sind allerdings nicht immer vermeidbar. In diesen Fällen muß dann mit einer längeren Einarbeitungszeit durch den Stelleninhaber und mit einer größeren Personenabhängigkeit der Stelle gerechnet werden: Ein Wechsel des Mitarbeiters ist mit längeren Ausfallzeiten und höheren Einarbeitungskosten verbunden. Dies trifft um so mehr zu, je weiter die der Stelle zugeordneten Sachgebiete voneinander entfernt sind.

Aus welchen Teilen besteht eine Stellenbeschreibung?

Stellenbeschreibungen sind ein bedeutendes Instrument der Betriebsorganisation geworden und setzen sich immer stärker durch. Nach einer statistischen Erhebung von Krasemann waren *bereits 1971 bei 58% der befragten Unternehmungen Stellenbeschreibungen eingeführt.* (*Krasemann, B.-J.:* Aktuelle Daten zur Stellenbeschreibung in der Bundesrepublik, ZfO 1973, S. 94ff.)

Die Ansichten darüber, welche Informationen eine Stellenbeschreibung enthalten soll, sind allerdings geteilt. Sicher ist, daß sie aus mindestens zwei Teilen besteht: einem Einordnungsteil und einem Aufgabenteil. Ein dritter Teil, der Anforderungsteil, kommt häufig noch dazu. *Die Stellenbeschreibung soll daher als ein organisatorisches Hilfsmittel zur Beschreibung der Anforderungen, Aufgaben und der Einordnung einer Stelle bezeichnet werden.*

1. Der Einordnungsteil

Der Einordnungsteil enthält folgende Informationen: Stelle, Abteilung, Vorgesetzter, Mitarbeiter, Unterstellte Mitarbeiter, Stellvertreter von . . ., Stellvertreten durch . . .

2. Der Aufgabenteil

Im Aufgabenteil werden die zu erfüllenden Aufgaben aufgezählt. Wenn ein höherer Detaillierungsgrad gewünscht wird, werden die Aufgaben nicht nur einfach genannt, sondern auch kurz beschrieben. Um die Beziehungen zwischen den verschiedenen Stellen untereinander besser zu verdeutlichen, gliedert man die Aufgaben nach *Funktionen: Planungsaufgaben, Durchführungs- und Kontrollaufgaben werden getrennt aufgeführt,* denn es interessiert nicht nur, *wer Verkaufsaufgaben zu erfüllen* hat, sondern auch, wer innerhalb des Verkaufs *Ziele setzen, Mittel bestimmen* (Planen), wer den Verkauf *durchführen* und wer die *Ergebnisse kontrollieren* soll. Jede Aufgabe kann prinzipiell in die Funktionen „Planung", „Durchführung" und „Kontrolle" gegliedert werden (Vgl. hierzu den Aufgabenteil des Stellenbeschreibungsformulars auf S. 56). Wenn man noch weiter gehen will, dann kann man zusätzliche Funktionen bilden und in die Stellenbeschreibung eintragen. So läßt sich die Arbeit *noch weitgehender nach Aufgaben zur Koordination, Motivation, Kenntnisnahme, Beratung, Personalführung, Auslösung, Entscheidung, Zielsetzung, Disposition und Genehmigung untergliedern.* Um die Wörter wie Koordination, Entscheidung, Motivation, Auslösung usw. in einer Stellenbeschreibung etwas leichter zugänglich zu machen (denn die Stellenbeschreibung soll auch von Nicht-Organisatoren verstanden werden), kann man den Aufgabenteil in einzelne Abschnitte aufteilen und jeden Abschnitt mit einer Überschrift etwa folgender Art beginnen lassen:
Er (der Stelleninhaber) löst aus . . .; Er entscheidet . . .; Er motiviert . . .; Er koordiniert . . .; Er prüft . . .;

Beispiele

Er kontrolliert
Reklamationen des Kunden auf ihre sachliche Richtigkeit.
Er berichtet
dem Produktionsleiter über Produktionsergebnisse im Soll-Ist-Vergleich.
Er setzt Ziele
für den Drei-Monats-Plan (Einzelziele) zusammen mit dem Hauptabteilungsleiter.
Er erstellt (führt aus, ermittelt, stellt zusammen usw.)
Ablochbelege für den Ausdruck von Gutschriften und Rechnungen per EDV nach den vorliegenden Durchführungsbedingungen;
Angebote bis 30000 DM nach den jeweils vom Vorstand herausgegebenen Bedingungen. usw.

Auf diese Weise können die Aufgaben klar abgegrenzt werden. Für Planungs-, Durchführungs- und Kontrollfunktionen können auch jeweils mehrere Sätze verschieden eingeleitet werden. Eine *Planungsaufgabe* zum Beispiel kann umschrieben werden durch drei Sätze, welche etwa folgendermaßen

untereinander stehen können: er setzt Ziele . . ., er legt fest . . ., er entscheidet . . .,.
Zur *Durchführungsfunktion* könnte es dann lauten: er erstellt . . ., er ermittelt . . ., er führt aus . . . *usw.*
Man ist also nicht an eine einzige Formulierung zu jeder genannten Funktion gebunden.

Aufgabe

Wandeln Sie die Begriffe 1. „Entscheidungsfunktion", 2. „Planungsfunktion", 3. „Durchführungsfunktion", 4. „Kontrollfunktion" entsprechend den oben gezeigten Beispielen (er entscheidet . . ., er plant . . ., er erstellt . . . usw.) um und geben Sie selbst für eine beliebige Stelle einige Beispiele an:

Stellenbezeichnung:

1. Er/Sie ____

____

____

2. Er/Sie ____

____

____

3. Er/Sie ____

____

____

4. Er/Sie ____

____

____

Auch bei der Zuordnung der Funktionen zu den einzelnen Stellen ist darauf zu achten, daß *Aufgaben, Kompetenzen (Zuständigkeiten) und Befugnisse übereinstimmen.* Wenn jemand beispielsweise zum Abteilungsleiter ernannt wird, dann sind den Leitungskompetenzen auch die nötigen Entscheidungsbefugnisse einzuräumen. Anderenfalls kann der betreffende Mitarbeiter für die ihm zugeordneten Leitungsaufgaben keine entsprechende Verantwortung übernehmen.

3. Anforderungsteil
Die Anforderungen an den Stelleninhaber können verschieden gegliedert werden, etwa nach Ausbildung, Fachkenntnissen, Können, Arbeitsbelastungen, Umgebungseinflüssen, Verantwortung und Erfahrungen. Oft wird hier das *Genfer Schema* zugrundegelegt, auf das man sich bei der Bewertung der Arbeit international geeinigt hat. Es sieht folgende *vier Anforderungsarten* vor: Können, Verantwortung, Arbeitsbelastung und Umwelteinflüsse.
Können
Es wird hierbei geistiges und muskelmäßiges Können unterschieden. *Vorwiegend geistiges Können:* Hierher gehören Angaben über die notwendigen Kenntnisse, die durch Ausbildung oder Erfahrung erworben wurden. *Vorwiegend muskelmäßiges Können:* Erforderliche Handfertigkeit und Körpergewandtheit.
Verantwortung
Die Höhe der Verantwortung steigt mit dem Schaden, der angerichtet werden kann. Aus der Stellenbeschreibung sollte hervorgehen, welche Gewissenhaftigkeit, Sorgfalt, Umsicht und Zuverlässigkeit gefordert wird. Verantwortung kann übernommen werden für *1. die eigene Arbeit, 2. die Arbeit anderer, 3. die Sicherheit anderer.*
Aufsichts- oder Kontrollaufgaben erhöhen die Verantwortung und sind deshalb, soweit vorhanden, mitaufzuführen.
Arbeitsbelastung
Als Arbeitsbelastung gilt das, „was müde macht" (Refa).
Vorwiegend geistige Belastungen sind: Aufmerksamkeit, Denktätigkeit, Konzentrationsleistungen, Betätigungen der Sinnesorgane.
Vorwiegend körperliche Belastungen sind statischer Art (durch die Arbeitshaltung) oder dynamischer Art (durch die Überwindung von Arbeitswiderständen).

Umwelteinflüsse
Hier gehören alle Einflüsse hin, die behindern, belästigen oder gefährden (z. B. Hitze, Kälte, Lärm, Blendung, Lichtmangel, Erkältungsgefahr, Staub, Unfallgefahr, Öl, Fett etc.).
Geben Sie zu jeder der vier genannten Anforderungsarten ein Beispiel für eine bestimmte Anforderung und nennen Sie jeweils eine Stelle, bei der diese Anforderung gegeben ist!

1. Können

   Anforderung: ______________________

   Stelle: ______________________

2. Verantwortung

   Anforderung: ______________________

   Stelle: ______________________

3. Arbeitsbelastung

   Anforderung: ______________________

   Stelle: ______________________

4. Umgebungseinflüsse

   Anforderung: ______________________

   Stelle: ______________________

Lösungsvorschlag

1. Können
   Anforderungen: Detaillierte Produktkenntnisse
   Stelle: Einkäufer
2. Verantwortung:
   Anforderungen: Fähigkeit zur Menschenführung (Mitarbeiterstab von sechs bis acht Personen)
   Stelle: Verkaufsleiter
3. Arbeitsbelastung
   Anforderungen: Aufmerksamkeit
   Stelle: Strickmeister
4. Umwelteinflüsse
   Anforderungen: Lärmverträglichkeit
   Stelle: Straßenbauarbeiter

Die hier vorgenommene Aufteilung in vier Anforderungsarten braucht selbstverständlich nicht in Stellenbeschreibungen aller Betriebe wiedergegeben zu werden. So *treten zum Beispiel in vielen Betrieben Umgebungserschwernisse nicht auf. Die oben genannten Anforderungen sollen* daher lediglich *eine Hilfe bei der Zusammenstellung von Informationen sein, die in einen Anforderungsteil hineingehören,* ohne daß es auf eine genaue Einhaltung der Reihenfolge, Untergliederung, und Einordnung unbedingt ankommt. Je detaillierter der Anforderungsteil ist, um so besser läßt sich eine Arbeitsbewertung durchführen, um so eher lassen sich Unterschiede in der Entlohnung der Mitarbeiter begründen.
Nachfolgend ist als Beispiel die *Stellenbeschreibung für einen Verkaufsleiter* aufgeführt. Die Aufgaben und Anforderungen sind hier allerdings nicht vollzählig. Es handelt sich also nur um einen Ausschnitt aus einer in der Regel mehrere Seiten umfassenden Stellenbeschreibung. Jede Position in Abb. 35 ist mit mindestens einer Angabe versehen worden, um jeweils das Prinzip zu verdeutlichen. Eine Stellenbeschreibung für einen Verkaufsleiter, die für alle Betriebe in gleicher Weise gültig ist, kann deshalb nicht gegegeben werden, weil die Aufgaben je nach Ware, Beschäftigtenzahl, Organisation usw. sehr verschieden gegliedert sein können.

Stellenbeschreibung	
10 Bezeichnung der Stelle:	Verkaufsleiter
11 Vorgesetzte Stelle:	Kaufmännischer Direktor
12 Unterstellte Mitarbeiter:	10–14 Verkäufer
13 Stellvertreter vom:	Kaufmännischer Direktor
14 Stellvertreten durch den:	Kaufmännischer Direktor
20 Hauptaufgabe (Ziel):	Leitung der Verkaufsabteilung mit dem Ziel, den Absatz auszuweiten und neue Märkte zu gewinnen.
21 Einzelaufgaben (nach Funktionen):	
211 Planungsaufgaben:	Planung neuer Produkte, Werbeplanung, Planung der Absatzmengen, Planung des Verkaufsprogramms ...
212 Durchführungsaufgaben:	Leitung der Verkaufsabteilung, Beratung der Unternehmensleitung bei Preisgestaltung, Verpakkung usw., Marktbeobachtung ...
213 Kontrollaufgaben:	Kontrolle der Absatzentwicklung, der Kostenentwicklung, der Werbeausgaben, der Zahlungsein- und -ausgänge ...
214 Sonderaufgaben (z. B. Organisationsaufgaben):	Festlegung der Aufgabenverteilung und der Arbeitsabläufe innerhalb der Verkaufsabteilung ...
22 Informationen (Berichte, Mitteilungen)	
221 an die Stelle (regelmäßig, unregelmäßig);	Zahlungseingänge vom Rechnungswesen ...
222 von der Stelle (regelmäßig, unregelmäßig):	Absatzentwicklung an den kaufmännischen Direktor ...
23 Mitarbeit in Arbeitsgruppen, Ausschüssen usw.:	Koordinationsausschuß ...
24 Besondere Befugnisse:	
241 Vertretungsbefugnisse (z. B. Prokura):	keine
242 Verfügungsbefugnisse (z. B. Zahlungsvollmacht):	Bei Reklamationen bis zu 2000 DM ...
243 Unterschriftsbefugnisse (z. B. beim Änderungsdienst):	Verkaufsverträge, Zahlungsanweisungen für Verkaufsausgaben im Rahmen der Richtlinien (Nr. 21) ...
30 Anforderungen an den Stelleninhaber (Ausbildung, Fachkenntnisse, Fähigkeiten usw.):	Fachoberschulreife, Produktkenntnisse, Verhandlungsgeschick, Fähigkeit zur Personalführung ...

Abb. 35: Stellenbeschreibung am Beispiel eines Verkaufsleiters (ausschnittweise)

Welche Vorteile haben Stellenbeschreibungen?

Überzeugen Sie nunmehr Ihren Chef von der Vorteilhaftigkeit aktueller, richtig gegliederter und eindeutig formulierter Stellenbeschreibungen, soweit diese in Ihrem Betrieb noch nicht vorhanden sind. Hier die Argumente:

Vorteile von Stellenbeschreibungen

- Jeder Mitarbeiter kann *Ziele, Aufgaben und Befugnisse* seiner Stelle erkennen, Unklarheiten über Arbeitsauftrag und -ausführung werden beseitigt.
- Handlungsfreiheit und Eigenständigkeit gegenüber Vorgesetzten und Kollegen erhöhen sich, *Verantwortungsbereitschaft, Identifikation mit der Aufgabe* und *Arbeitsfreude* steigen.
- Die Personalführung wird erleichtert. *Entlastung* der vorgesetzten Stellen. Ständige Rückfragen, Anleitungen, Kontrollen sind nicht erforderlich.
- *Reibungsverluste und Streitigkeiten* aus Unkenntnis über die Aufgabenverteilung und die jeweiligen Zuständigkeiten *entfallen,* weil die Aufgaben in Stellenbeschreibungen abgegrenzt werden.
- Kontrollmöglichkeiten werden versachlicht. *Selbstkontrolle verstärkt sich.* Leistungsbeurteilungen werden verbessert, Förderungsnotwendigkeiten werden besser erkannt.
- Gehaltsgruppierungen können sachlich begründet werden, Beförderungsmöglichkeiten und damit auch Motivationen können verbessert werden.
- Personalplanung, interne Personalauswahl, externe Personalbeschaffung werden wesentlich erleichtert. Stellenbeschreibungen können bei der Formulierung von Stellenanzeigen- und ausschreibungen, bei Einstellungsgesprächen, bei Personalprognosen, bei Aus- und Fortbildung herangezogen werden.

Aufgabe

Beschreiben Sie eine Ihnen bekannte Stelle nach dem Muster von Abb. 35 ausschnittweise. Das Leerformular von Abb. 36 ist für Ihre Eintragungen bestimmt. Wenn Sie Ihre Stelle vollständig beschreiben wollen (auch das ist sicher ein lohnenswerter Versuch!), dann benutzen Sie eigenes Papier, wobei Abb. 36 dann lediglich als Vorlage dienen kann.

Aufgabe

Wie müßten Sie verfahren, wenn Sie keinen genauen Überblick über Ihr Arbeitsgebiet hätten, aber dennoch eine Stellenbeschreibung erarbeiten wollten? Woher würden Sie die dazu notwendigen Informationen beziehen?

Lösung

Sie müßten sich die Informationen verschaffen durch die *Kombination von Personalerhebungsbogen, Tätigkeitslisten, Aufgaben- und Arbeitslisten.* Wenn das nicht möglich ist, helfen nur noch *Literaturstudium* und *Erfahrungen von Fachkollegen,* die schließlich zu einem *Aufgabengliederungsplan* führen könnten.

Eine andere Form der Beschreibung von Stellen, die gelegentlich vorgeschlagen wird und zumindest bei komplizierten Arbeitsabläufen im Anhang zur Stellenbeschreibung aufgeführt werden kann, ist die genaue, *grafisch-verbale Darstellung von Arbeitsabläufen je Stelle.* Wenn von einer Stelle mehrere Aufgaben oder Arbeitsabläufe wie zum Beispiel Wareneingang, Warenausgang, Lagerbuchhaltung, Disposition usw. wahrgenommen werden, dann müssen entsprechend viele Abläufe gezeichnet werden. Ein Beispiel für eine grafisch-verbale Darstellung wird in Abb. 37 vorgestellt, die wir an dieser Stelle jedoch noch nicht genau erläutern wollen, denn auf Arbeitsablaufdarstellungen werden wir ausführlich in Kapitel 5 eingehen. Bereits der erste Eindruck bei der Betrachtung dieser Art von Stellenbeschreibungen zeigt aber, daß sie einerseits arbeitsaufwendig sind und andererseits die *Arbeit einer Stelle sehr genau in ihren einzelnen Schritten darstellt.*

10 Bezeichnung der Stelle

11 Vorgesetzte Stelle

12 Unterstellte Mitarbeiter

13 Stellvertreter vom

14 Stellvertreten durch den

20 Hauptaufgabe (Ziel)

21 Einzelaufgaben (nach Funktionen)

211 Planungsaufgaben

212 Durchführungsaufgaben

213 Kontrollaufgaben

214 Sonderaufgaben (z. B. Organisationsaufgaben)

22 Informationen (Berichte, Mitteilungen)

221 An die Stelle (regelmäßig, unregelmäßig)

222 von der Stelle (regelmäßig, unregelmäßig)

23 Mitarbeit in Arbeitsgruppen, Ausschüssen, usw.

24 Besondere Befugnisse

241 Vertretungsbefugnisse (z. B. Prokura)

242 Verfügungsbefugnisse (z. B. Zahlungsvollmacht)

243 Unterschriftsbefugnisse (z. B. beim Änderungsdienst)

30 Anforderungen an den Stelleninhaber (Ausbildung, Fachkenntnisse, Fähigkeiten usw.)

Abb. 36: Stellenbeschreibungsformular (für Übungszwecke)

Abb. 37: Grafisch-verbale Stellenbeschreibung für einen Lagerverwalter zur Aufgabe „Warenausgang“

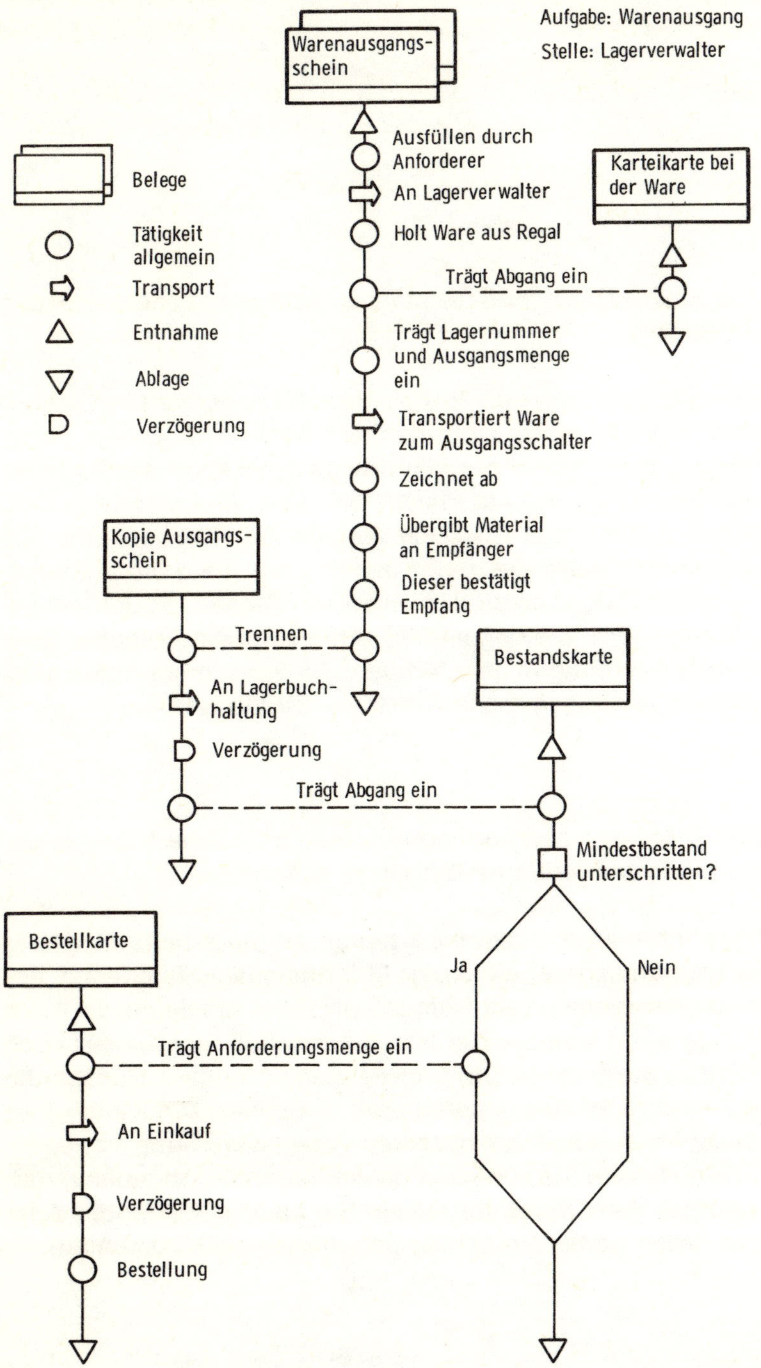

Lernkontrolle

1. Zählen Sie mindestens fünf Fragen auf, die bei einer Stellenbildung geklärt sein müssen. (Antwort S. 45)
2. Nennen Sie mindestens drei Ausnahmen von der allgemeinen Regel, daß grundsätzlich eine Aufgabe durch eine Stelle vollständig bearbeitet werden soll. (Antwort S. 48)
3. Nennen Sie einen Nachteil der Spezialisierung! (S. 52)
4. Beschreiben Sie kurz vier Verfahren der Zeiterfassung. Geben Sie zu jedem Verfahren ein Beispiel. (S. 48ff.)
5. Wie ermittelt man die Anzahl der benötigten Arbeitskräfte, wenn die durchschnittliche Arbeitszeit, die für jede Arbeitskraft pro Tag zur Verfügung steht (Gesamtzeit abzüglich Urlaubszeit, durchschnittliche Krankheitsdauer, Feiertage, Arbeitspausen etc.), die Gesamtarbeitsmenge und die Arbeitsdauer je Einheit bekannt sind? (S. 50)
6. Was sind leitende Aufgaben? (Antwort S. 50)
7. Wann wächst der Anteil der leitenden Aufgaben? (Antwort S. 51)
8. Erklären Sie die Ermittlung der leitenden Mitarbeiter nach der Faustregel von Fayol! (Antwort S. 51)
9. Welche Informationen enthält
   a) der Einordnungsteil einer Stellenbeschreibung? (Antwort S. 53)
   b) der Aufgabenteil einer Stellenbeschreibung? (Antwort S. 53)
   c) der Anforderungsteil einer Stellenbeschreibung? (Antwort S. 54)
10. Nennen Sie mindestens fünf „Funktionen“, die im Aufgabenteil einer Stellenbeschreibung vermerkt sein und von verschiedenen Stellen durchgeführt werden können, um eine Aufgabe vollständig zu bearbeiten! (Antwort S. 53)
11. Wie kann man die Verständlichkeit bei der Formulierung von Funktionen in Stellenbeschreibungen erhöhen? (Antwort S. 53)
12. Verschaffen Sie sich, wenn es geht, Informationen über Stellen Ihres Arbeitsbereichs und beschreiben Sie diese, wobei Sie die Aufgaben nach mindestens drei, eventuell auch nach mehr Funktionen gliedern.

4 Arbeitsverteilung

Problemstellung

Sind Sie der Auffassung, daß an Ihrem Arbeitsplatz folgende Punkte verbessert werden könnten?

- Die *Arbeitsaufteilung* zwischen den verschiedenen Stellen untereinander
- Die *Arbeitsmenge* (der Arbeitsumfang) Ihrer oder anderer Stellen
- Die Ausgliederung von *Routinearbeiten*
- Der *Informationsfluß*
- Die verwendeten *Hilfsmittel* (Formulare, Bürogeräte etc.)
- Die *Zweckmäßigkeit* der Aufgabenerfüllung

Wenn Sie dieser Auffassung sind, dann stehen Ihnen zur Verbesserung der Situation einige Instrumente zur Verfügung, derer Sie sich bedienen können. Der erste Schritt ist stets die Ist-Aufnahme. Die tatsächlichen Verhältnisse im Betrieb können mit Hilfe folgender Listen erfaßt werden:

- Personalerhebungsbogen
- Tätigkeitsliste
- Aufgaben- und Arbeitsliste
- Arbeitsverteilungsplan

Dazu einige Situationen aus der Praxis:

Fall 1: Wie erfaßt man die in einer Abteilung vorkommenden Arbeiten?

Die Führung nach dem Prinzip des „Management by Delegation" steht in Ihrem Unternehmen hoch im Ansehen. Allerdings wurden bisher nur hier und da mehr sporadisch Aufgaben an nachgeordnete Stellen delegiert. Es kommt noch zu Mißverständnissen über die genaue Arbeitsverteilung. Sie setzen sich dafür ein, daß Klarheit über die genaue Zuordnung der Aufgaben zu den einzelnen Stellen im Betrieb geschaffen wird. Sie bekommen schließlich die Aufgabe, Stellenbeschreibungen anzufertigen. Zunächst müssen Sie dazu allerdings die gegebene Arbeitsverteilung erfassen.

Fall 2: Mit welchen Methoden lassen sich Schwächen in der Erfüllung betrieblicher Aufgaben aufdecken?

In der Abteilung, in der sie arbeiten, ist die Arbeitsverteilung nicht optimal geregelt: einige Mitarbeiter sind überlastet, andere übernehmen sachfremde Aufgaben, mit denen sie nicht richtig fertig werden. Der Informationsfluß funktioniert auch nicht so wie er sollte. Die eingesetzten Formulare, Bürogeräte etc. sind nicht zweckmäßig usw. Sie sollen schließlich fundierte Vorschläge zur besseren Arbeitsverteilung vorlegen. Dazu erfassen Sie zunächst die vorliegende Aufgabenverteilung (Ist-Verteilung). Ihr stellen Sie nach eingehender Analyse einen neuen Vorschlag gegenüber (Soll-Vorschlag).

Zunächst sollen vier Erfassungsformulare vorgestellt werden. Danach wird gezeigt, mit Hilfe welcher Prüffragen die erfaßten Arbeiten analysiert werden.

Lernziel

Sie sollen künftig Verbesserungsvorschläge zur Erfüllung betrieblicher Aufgaben mit Hilfe der oben genannten Formulare überzeugend darlegen und durchsetzen können.

Lösung

Wie werden alle in einer Abteilung vorkommenden Arbeiten erfaßt?

Eine erste Möglichkeit besteht darin, daß man *Tätigkeitslisten* von den Mitarbeitern ausfüllen läßt, die in die Untersuchung einbezogen werden sollen. Dabei unterscheidet man zwei Arten von Tätigkeitslisten. Die *Tätigkeitsliste 1* erfaßt die laufenden, d. h. täglich vorkommenden Tätigkeiten. Sie ist in Abb. 38 dargestellt. Die Tätigkeiten werden *chronologisch,* das heißt in der genauen zeitlichen Reihenfolge des Auftretens, aufgeschrieben. Die Liste enthält Angaben über Zeitpunkt, Dauer, bearbeitete Menge und benutzte Hilfsmittel (Formulare, Geräte) je Tätigkeit. Eine zweite Form der Tätigkeitsliste erfaßt die *regelmäßig und unregelmäßig wiederkehrenden Tätigkeiten,* z. B. jeden Monatsersten vorkommende Tätigkeiten (vgl. *Tätigkeitsliste 2,* Abb. 39).

Hinweise zum Ausfüllen der Listen

- *Laufende Arbeiten* sind tägliche Arbeiten. Man sollte hierbei eine *Normalwoche* wählen: an fünf Tagen einer Woche mit normaler Arbeitsbelastung werden fünf Tageslisten erstellt.
- *Regelmäßig* (wöchentlich, monatlich, jährlich) *wiederkehrende Arbeiten* werden in der Tätigkeitsliste 2 bzw. in Punkt 4 des Personalerhebungsbogens notiert.
- *Außergewöhnliche Belastungen,* die durch Saisonschwankungen, besondere Terminarbeiten, Dienstreisen oder sonstige hin und wieder vorkommende Ereignisse bedingt sind, werden in Tätigkeitsliste 2 erfaßt.
- Die Listen werden *von jedem Stelleninhaber selbst* ausgefüllt, es sei denn, der Arbeitsfluß wird dadurch wesentlich gestört. Dann müßten die Aufzeichnungen aufgrund von Beobachtungen einer anderen Person erfolgen.
- Die Tätigkeiten werden *unmittelbar nach bzw. bei deren Auftreten erfaßt.* Die Eintragungen sind umso zahlreicher, je öfter die Tätigkeiten wechseln.
- Die Angaben über bearbeitete Mengen und benutzte Hilfsmittel brauchen nur dann zu erfolgen, wenn Eintragungen dieser Art einen *wesentlichen Informationsgehalt* haben. Das trifft bei der Arbeit: Bericht schreiben (Menge: 1 und Hilfsmittel: Kugelschreiber, Papier) sicher nicht zu.
- In welchem *Detaillierungsgrad* die Tätigkeiten in die Listen eingetragen werden, hängt vom Ziel der Untersuchung ab. In der Regel können von einem Arbeitsplatz so detaillierte Angaben erfolgen, daß pro Tag mindestens ein Blatt einer Tätigkeitsliste ausgefüllt werden kann. Orientierungshilfe gibt die ausgefüllte Liste in Abb. 38.
- Die laufende Tätigkeitsliste soll auch Kaffeepausen, Telefonate, Abwesenheitszeiten oder „Sonstiges" chronologisch erfassen. Dabei räumt der erfahrene Organisator den Stellen, welche die Tätigkeitslisten ausfüllen sollen, ohnehin 15% der Gesamtzeit für „Tätigkeiten" dieser Art ausdrücklich ein, um zu vermeiden, daß die Tätigkeitszeiten künstlich verlängert („frisiert") werden.

Abteilung: Rechnungswesen		Stelle: Leiter Rechnungswesen			Datum: 16.2.7...	
Nr.	Tätigkeiten	Zeit		Dauer (in Min.)	bearbeitete Menge	Hilfsmittel
		von	bis			
1	Post beantworten	8⁰⁰	9¹⁰	70		Diktafon
2	Besprechung offener Fragen (Direktor)		9⁵⁵	45		
3	Kaffeepause		10¹⁵	20		
4	Geschäftsbericht schreiben		10³⁵	20		Rechenmaschine, Akten
5	Telefonat mit Bank		10⁴⁵	10		Telefon
6	Fortsetzung Bericht		11²⁵	40		s.o.
7	Anfrage aus Finanzbuchhaltung klären		12⁰⁵	40		
8	Telefonat mit Verkaufsleiter		12¹⁵	10		Telefon
9	Mittagspause		12⁵⁵	40		
10	Telefonat mit Krankenkasse		13⁰⁵	10		Telefon
11	Bearbeitung der Aufträge (über 5000.-)		13⁵⁰	45		
12	Problem mit Lohnbuchhaltung klären		14¹⁵	25		
13	Kontrolle d. Ausgangspost (Unterschr.)		14³⁰	15		
14	Kontrolle d. Überweisungsverkehrs (Zahlung)		14⁴⁵	15		
15	Finanzplan fertigstellen (Zahlungsein- u. ausgänge auflist. etc.)		14⁵⁵	10		Rechenmaschine, Kontenkarten
16	Kaffeepause		15³⁰	35		
17	Anfrage d. Finanzbuchhaltung klären		15⁵⁰	20		
18	Kontenkarten ablegen		15⁵⁵	05		
19	Gespräch über Fußballspiel		16⁰⁰	05		
20	Richtlinien für Lohnbüro erarbeiten		16¹⁵	15		Organisationshandbuch
21	Anfrage Geschäftsleitung beantworten		16²⁵	10		
22	Fortsetzung Richtlinien		17⁰⁵	40		
23	Schreibtisch aufräumen		17¹⁵	10		

Abb. 38: Tätigkeitsliste 1 (Beispiel)

Tätigkeitsliste 2

Abteilung: Stelle: Datum:

Nr.	Regelmäßig wiederkehrende Arbeiten	Dauer (in Std.) (pro Monat)	Hilfsmittel
	Insgesamt pro Jahr (Summe):		
	Unregelmäßig wiederkehrende Arbeiten		
	Insgesamt pro Jahr (Summe):		

Abb. 39: Tätigkeitsliste 2 (Leerformular)

Eine zweite Form der Erfassung des Arbeitsgeschehens bilden die *Personalerhebungsbogen.* Eine vereinfachte Fassung zeigt Abb. 40.

Personalerhebungsbogen (Fragebogen)
Bitte genau, knapp und für Dritte verständlich ausfüllen!

Abteilung:	Stelle:
Unmittelbarer Vorgesetzter:	Name, Vorname:
	Vertreten (bei Urlaub, Krankheit) durch:
Verantwortlicher Organisator:	
	Vertritt:

1. Welche laufenden Arbeiten erfüllen Sie täglich?
2. Welche regelmäßig wiederkehrenden Arbeiten erfüllen Sie außerdem
   a) an welchen Wochentagen innerhalb einer Woche?
   b) an welchen Tagen innerhalb eines größeren Zeitraums? (z. B. innerhalb von 10, 14 Tagen, 1, 2, 3 . . 12 Monaten)
3. Welche unregelmäßig wiederkehrenden Arbeiten erfüllen Sie?
4. Welche Hilfsarbeiten (Schreiben, Sortieren, Ablegen, Transportieren usw.) erfüllen Sie?
5. Welche Aufgaben, für die eigentlich andere zuständig sind, erledigen Sie (mit welchem Zeitaufwand) gelegentlich mit?
6. Von wem erhalten Sie mündliche, fernmündliche oder schriftliche Informationen und welcher Art sind sie (z. B. Anweisungen, Berichte, Aufträge, Mitteilungen, Unterlagen, Aufstellungen, Statistiken usw.)?
7. Wem geben Sie welche Informationen? (Anweisungen, Berichte, Mitteilungen usw.)
8. Mit wem haben Sie a) täglich, b) mehrmals pro Woche, c) gelegentlich zu tun?
9. Welche Formulare und sonstige Unterlagen verwenden Sie bei Ihrer Arbeit (Karteien, Verzeichnisse, Arbeitsrichtlinien . .)?
10. Welche Bürogeräte benutzen Sie?
11. Welche Störungen, Unklarheiten, Überlastungsprobleme, Verzögerungen oder sonstige Schwierigkeiten kommen bei Ihrer Arbeit häufiger vor?
12. Welche Verbesserungsvorschläge möchten Sie machen?

Abb. 40: Personalerhebungsbogen

Für den Organisator ist es eine sehr große Arbeitserleichterung, wenn die Personalerhebung von vornherein auf dafür vorbereiteten Formularen erfolgt. Außerdem wird beim einzelnen Mitarbeiter ein stärkeres *Teilschrittbewußtsein* gefördert. Er wird gezwungen, seine Informationen stärker zu gliedern. Deshalb soll eine *zweite Fassung des Personalerhebungsbogens* vorgestellt werden. Sie erlaubt eine korrektere Beschreibung der Arbeitsvorgänge. Diese Fassung ist daher auch in dem Fall angebrachter, in dem ein stärkerer Detaillierungsgrad gewünscht wird. Die Personalerhebung besteht jetzt aus 7 Formularen (mitunter werden je nach Untersuchungsziel auch mehr oder weniger Formulare benötigt).
Die unten angedeuteten Listen können in Form von *Blanko-Formularen* an die betreffenden, an der Untersuchung beteiligten Stellen verteilt werden.

Personalerhebungsbogen (Deckblatt)

Die vorliegenden Formulare sollen dazu dienen, ... (z. B. der Einführung des Management By Delegation, der Verbesserung des Informationsflusses, der Ausgliederung von Routinearbeiten, der verbesserten Arbeitsaufteilung, der Arbeitsvereinfachung...). Personaleinsparungen oder finanzielle Nachteile sind durch diese Untersuchung selbstverständlich nicht vorgesehen. Es geht darum, die Aufgabenstellungen zu verdeutlichen, die Durchführung zu vereinfachen, die Verantwortlichkeiten abzugrenzen und die Möglichkeiten der Eigenkontrolle zu verbessern.
Die Organisation ist auf Ihre Mithilfe angewiesen. Bitte füllen Sie die nachfolgenden Formulare sorgfältig, knapp und für Dritte verständlich aus.

Hinweise zum Ausfüllen können hier angefügt werden.

Abb. 41: Personalerhebung mit mehreren Formularen

1. Welche laufenden Arbeiten erfüllen Sie?

Nr.	Laufende Arbeiten (täglich durchzuführende Arbeiten)	Hilfsmittel (Formulare, Unterlagen, Geräte etc.)

Abb. 41a

2. Welche regelmäßig wiederkehrenden Arbeiten erfüllen Sie?

Nr.	Regelmäßig wiederkehrende Arbeiten (Termin? Wochentag?)	Hilfsmittel (Formulare, Unterlagen, Geräte etc.)

Abb. 41b

3. Welche unregelmäßig wiederkehrenden Arbeiten erfüllen Sie?

Nr.	Unregelmäßig wiederkehrende Arbeiten (Termine?)	Hilfsmittel (Formulare, Unterlagen, Geräte etc.)

Abb. 41c

4. Welche Hilfsarbeiten (Schreiben, Sortieren, Ablegen, Transportieren etc.) erledigen Sie?

Nr.	Hilfsarbeiten (wie oft?)	Hilfsmittel (Formulare, Unterlagen, Geräte etc.)

Abb. 41d

5. Welche Informationen (Anweisungen, Mitteilungen etc.) bekommen Sie von wem?

Nr.	Art der Information	Informationsquelle	Zeitpunkt	Form (Formular, mündlich, telef. etc.)

Abb. 41e

6. Welche Informationen (Anweisungen, Mitteilungen) geben Sie an wen?

Nr.	Art der Information	Informationsempfänger	Zeitpunkt	Form (Formular, mündl., telef. etc.)

Abb. 41f

7. Welche Verbesserungsvorschläge möchten Sie machen?

Nr.	Verbesserungsvorschläge

Abb. 41g

Aufgabe

Geben Sie je ein Beispiel zu den Listen des Personalerhebungsbogens (Punkte 3–8), indem Sie jede Liste mit einer Zeile ausfüllen. Benutzen Sie Beispiele aus Ihrem betrieblichen Erfahrungsbereich!

Aufgabe

Füllen Sie das Leerformular einer Tätigkeitsliste aus! (Abb. 42) Sollten Sie mit einem Blatt nicht auskommen, benutzen Sie selbsthergestellte Formblätter (evtl. durch Fotokopien).

Tätigkeitslisten wird der Organisator dann einem Personalerhebungsbogen vorziehen, wenn es auf Zeitangaben und auf Informationen zur Aufgaben- und Arbeitsverteilung ankommt. Umgekehrt wird ein *Personalerhebungsbogen* dann vorteilhafter sein, wenn es nicht auf die genauen Tätigkeitszeiten, wohl aber auf zusätzliche Daten wie z. B. auf die Erfassung des Informationsflusses ankommt.
Will man eine *umfassende Organisationsanalyse* durchführen, dann kann man auch beide Erhebungsformen miteinander kombinieren. Das geschieht einfach dadurch, daß die Tätigkeitslisten 1 und 2 an die Stelle der Listen in den Fragen 3 bis 6 des Personalerhebungsbogens treten. Je nach Untersuchungsziel kann sich der Organisator auch für die eine oder andere Mischform entscheiden.

Aufgaben- und Arbeitslisten

Während Tätigkeitslisten oder Personalerhebungsbogen von den Stelleninhabern selbst ausgefüllt werden und der Organisator dabei nur eine relativ passive Rolle spielt, setzt nunmehr, nachdem die Informationen über einen ausreichend langen Arbeitszeitraum (in der Regel 1 bis 4 Wochen) vorliegen, die eigentliche, aktive Arbeit des Auswertens durch den Organisator ein. *Aus den Tätigkeitslisten 1 und 2 werden die einzelnen Tätigkeiten zu Aufgaben bzw. Aufgabengruppen zusammengefaßt.* Die Arbeiten (Tätigkeiten) eines Personalleiters können zum Beispiel nach folgenden Aufgaben gegliedert sein: 1. Leitung der Personalabteilung, 2. Einstellung und Kündigung, 3. Verwaltung, 4. Aus- und Weiterbildung, 5. Sozial- und Gesundheitswesen. Eine andere Einteilung der Tätigkeiten sieht zum Beispiel folgende Aufgaben eines Einkaufsleiters vor: 1. Leitung der Einkaufsabteilung, 2. Einkaufsplanung (Bedarfsermittlung, Marktforschung etc.), 3. Einkaufsdurchführung (Bestellung, Kalkulation etc.), 4. Einkaufskontrolle (Rechnungskontrolle, Reklamationen etc.). Ein Beispiel einer Aufgaben- und Arbeitsliste zeigt Abb. 43.

Abteilung:	Stelle:				Datum:	
Nr.	Tätigkeiten	Zeit		Dauer (in Min.)	bearbeitete Menge	Hilfsmittel
		von	bis			

Abb. 42: Leerformular einer Tätigkeitsliste

Aufgaben- und Arbeitsliste

Abteilung: Rechnungswesen   Stelle: Leiter Rechnungswesen   Datum:

Nr.	Aufgaben	Tätigkeiten	Dauer (in Minuten pro Monat)	Bearbeitete Menge	Hilfsmittel
1.1	Finanzplanung	Unterlagen beschaffen	15 2		
1.2		Zahlungsverkehr auflisten	4		
1.3		Erwartenden Zahlungsverkehr schätzen	9		
2.0	Berichte schreiben		70		
2.1	(an Geschäftsleitung)	Auftragsvorschau	7		
2.2		Auftragsanalyse	10		
2.3		Finanzplan	4		
2.4		Kostenanalyse	11		
2.5		Bilanzanalyse	22		
2.6	(an Vorstand)	Geschäftsbericht	16		
3.0	Verwaltungsaufgaben	Geschäftspost und Telefonate mit	30		
3.1		Banken	4		
3.2		Versicherungen	2		
3.3		Kunden	15		
3.4		Lieferanten	9		
4.1	Auftragsbearbeitung	Finanzielle Überwachung	35 3		
4.2		Abwicklung	15		
4.3		tägl. Gespräche mit Geschäftsleitung	17		
5.1	Leitende Aufgaben	Kontrolle der Ausgangspost	25 5		
5.2		" des Zahlungsverkehrs	6		
5.3		Mitarbeiterbesprechungen	8		
5.4		Klärung besonderer Sachfragen	4		

Abb. 43: Beispiel einer Aufgaben- und Arbeitsliste (Ausschnitt aus Ist-Zustand)

Aufgaben- und Arbeitsliste

Abteilung: Stelle: Datum:

Nr.	Aufgaben	Tätigkeiten	Dauer (in Minuten pro Monat)	Bearbeitete Menge	Hilfsmittel

Abb. 44: Leerformular einer Aufgaben- und Arbeitsliste

Aufgabe

Prüfen Sie anhand der von Ihnen erstellten Tätigkeitsliste 1, ob sich dort eventuell einzelne Tätigkeiten zu Gruppen von Tätigkeiten (Aufgaben) d. h. nach Objekt, Verrichtung, Rang oder anderen Merkmalen zusammenfassen lassen! Tragen Sie mindestens drei Aufgaben mit den entsprechenden Einzeltätigkeiten in das vorgedruckte Leerformular in Abb. 44 ein!

Arbeitsverteilungsplan

Das letzte in diesem Abschnitt besprochene Hilfsmittel ist der Arbeitsverteilungsplan. Er gestattet eine Gegenüberstellung der Aufgaben und Tätigkeiten der Stellen einer Abteilung oder eines Teils daraus auf einem einzigen Formular. Ein zu Übungszwecken zunächst stark vereinfachter Grobplan ist in Abb. 45 dargestellt. Die hier angenommene Aufgabenverteilung ebenso wie die eingesetzten Zahlen haben lediglich Modellcharakter.
Angenommen, im Rechnungswesen eines Betriebes seien vier Angestellte beschäftigt: zwei Buchhalter, ein Bankkaufmann, ein Betriebswirt. (Arbeitszeit pro Woche: 40 Stunden, Arbeitspausen etc. seien vorläufig vernachlässigt.) Die Ist-Aufnahme über die Arbeitsverteilung zeigt Abb. 45 auf der nächsten Seite.

Bearbeiten Sie, bevor Sie weiterlesen, zunächst folgende kleine Fallstudie:

Fallstudie

a) Welche beiden Nachteile hat der Ist-Zustand in Abb. 45?

1. ______________________________

____

2. ______________________________

____

b) Verbessern Sie den in Abb. 45 wiedergegebenen Ist-Zustand der Arbeitsverteilung. Tragen Sie Ihre Lösung in die Tabelle (Abb. 46) ein! Dabei soll einmal angenommen werden, daß die Zeitangaben in Abb. 45 für die einzelnen Tätigkeiten stimmen.

Lösungsvorschlag

a) Die beiden Nachteile der Arbeitsverteilung im Ist-Zustand sind:
   1. Die Auslastung der Mitarbeiter ist nicht gleichmäßig.
   2. Die Arbeitsverteilung ist unzweckmäßig und nimmt auf die fachliche Qualifikation der Mitarbeiter nicht genügend Rücksicht.
b) Eine bessere Lösung zeigt Abb. 47 (Soll-Vorschlag). Selbstverständlich sind die Probleme in der Praxis meist nicht so einfach zu lösen. Hier geht es jedoch darum, die grundsätzliche Vorgehensweise deutlich zu machen.

Arbeitsverteilungspläne werden prinzipiell zunächst als Ist-Pläne erstellt. In dieser Fassung zeigen sie die tatsächlich zum Zeitpunkt der Aufnahme bestehenden Verhältnisse auf. Wenn Arbeitsumverteilungen notwendig werden, kann eine neue Aufteilung in einem Soll-Plan dargestellt werden.
Um die vielen kleinen Fehler in der Arbeitsverteilung aufzudecken, benötigt man eine detaillierte Form der Darstellung. Grobpläne können meist nur erste Anhaltspunkte vermitteln und sind, schon wegen der meist ungenauen Zeitangaben für organisatorische Zwecke weniger gut geeignet. Ein Leerformular für einen Arbeitsverteilungsplan, der eigenen Übungszwecken dienen mag, ist in Abb. 48 angefügt.

Abteilung: Rechnungswesen   Bearbeiter: Meyer   Datum: 30. 3. 7...

Aufgaben	Stelle 1: Buchhalter	Std. pro Wo.	Stelle 2: Buchhalter	Std. pro Wo.	Stelle 3: Bankkaufmann	Std. pro Wo.	Stelle 4: Betriebswirt	Std. pro Wo.
Geschäftsbuchhaltung	Hauptbuchhaltung	40	Finanzbuchhaltung Steuerfragen	25 20	Kreditoren- u. Debitorenbuchhaltung	15		
Betriebsbuchhaltung					Kalkulation	20	Betriebsabrechnung	15
Finanzwesen					Finanzbeschaffung- u. -anlage	10	Finanzplanerstellung u. -kontrolle	10
Berichtswesen							Führung und Auswertung von Statistiken	5
Gesamtstunden pro Woche		40		45		45		30

Abb. 45: Arbeitsverteilungsplan (Ist-Zustand) für Übungszwecke

Abteilung:	Bearbeiter:				Datum:			
Aufgaben	Stelle 1:	Std. pro Wo.	Stelle 2:	Std. pro Wo.	Stelle 3:	Std. pro Wo.	Stelle 4:	Std. pro Wo.
Geschäftsbuchhaltung								
Betriebsbuchhaltung								
Finanzwesen								
Berichtswesen								
Gesamtstunden pro Woche								

Abb. 46: Soll-Vorschlag zur Arbeitsverteilung (Grobverteilung) der Abteilung „Rechnungswesen" (Aufgabe)

Abteilung: Rechnungswesen Bearbeiter: Ohlig Datum:

Aufgaben	Stelle 1: Buchhalter	Std. pro Wo.	Stelle 2: Buchhalter	Std. pro Wo.	Stelle 3: Bankkaufmann	Std. pro Wo.	Stelle 4: Betriebswirt	Std. pro Wo.
Geschäftsbuchhaltung	Hauptbuchhaltung	40	Finanzbuchhaltung Kreditoren- und Debitorenbuchh.	25 15	Steuerfragen	20		
Betriebsbuchhaltung							Betriebsabrechnung Kalkulation	15 20
Finanzwesen					Finanzplanerstellung u. -kontrolle Finanzbeschaffung und -anlage	10 10		
Berichtswesen							Führung und Auswertung von Statistiken	5
Gesamtstunden pro Woche		40		40		40		40

Abb. 47: Grobplan einer Arbeitsverteilung der Abteilung „Rechnungswesen“ (Lösung)

Arbeitsverteilungsplan

vom: bis: Bearbeiter: Abteilung / Gruppe:

Nr.	Aufgaben	Stelle:		Stelle:		Stelle:		Stelle:		Stelle:	
		Tätigkeiten	Std. pro Wo.	Tätigkeiten	Std. pro Wo.	Tätigkeiten	Std. pro Wo.	Tätigkeiten	Std. pro Wo.	Tätigkeiten	Std. pro Wo.

Abb. 48: Leerformular eines Arbeitsverteilungsplans

Wie lassen sich Schwächen in der Erfüllung betrieblicher Aufgaben erkennen?

Zur kritischen Durchleuchtung der erfaßten Aufgaben verwendet man sogenannte Prüffragen. Allgemein geht es darum zu prüfen, ob

- die richtige Tätigkeit oder Aufgabe
- am richtigen Ort
- in der richtigen Zeit (Zeitpunkt, Dauer)
- von der richtigen Stelle (dem Mitarbeiter)
- mit dem richtigen Hilfsmittel
- am richtigen Objekt
- in der richtigen Weise

erfüllt wird. Einige *eventuell zusätzlich benötigte Informationen,* die nicht aus den oben angegebenen Hilfsmitteln (Personalerhebungsbogen, Tätigkeitslisten etc.) hervorgehen, kann sich der Organisator *durch mündliche oder schriftliche Befragungen* von den betreffenden Stellen einholen. Darauf wird Kapitel 6 noch näher eingehen.

Mitunter kann bereits die Beantwortung einer einzigen Prüffrage zu wesentlichen Arbeitserleichterungen bzw. zu wirtschaftlich günstigeren Lösungen führen. Abschließend sollen zwei Arten von Prüfkatalogen vorgestellt werden, mit denen die erfaßten Aufgaben kontrolliert werden können (Prüfkatalog 1 und 2).

Prüfkatalog 1

Jede der erfaßten Tätigkeiten wird mit Hilfe der folgenden sechs analytischen Fragen überprüft:

1. Was wird getan?
   Welches Objekt? Fehlt ein Arbeitsschritt? Sollte der Schritt noch weiter untergliedert werden?
2. Warum wird es getan?
   Womit wird der Arbeitsschritt begründet? Kann er vielleicht weggelassen werden?
3. Wo sollte es getan werden?
   An welchem (Arbeits-)Platz? Ist der betreffende Ort der richtige?
4. Wann sollte es getan werden?
   Sind Zeitpunkt und Dauer richtig? Ist die zeitliche Reihenfolge des Schrittes innerhalb eines größeren Arbeitskomplexes in der beobachteten Form am geeignetsten?
5. Wer sollte es tun?
   Ist die Arbeitsaufteilung bezüglich der betreffenden Stelle bzw. des Mitarbeiters richtig?
6. Wie sollte es getan werden?
   Welche Formulare, welche Geräte sind am besten geeignet? Ist eine Umverteilung zweckmäßig, eine Vereinfachung möglich? Können Kapazitäten besser genutzt werden?

Aufgabe

Überprüfen Sie nunmehr die Tätigkeitsliste und (soweit vorhanden) die Aufgaben- und Arbeitsliste, die Sie erstellt haben, sowie gegebenenfalls auch den Personalerhebungsbogen und beantworten Sie folgende Fragen:

Prüfkatalog 2

- Sind sachgebietsfremde Aufgaben oder Tätigkeiten (die besser von anderen Stellen durchgeführt werden könnten) genannt?
- Könnten Tätigkeiten oder Aufgaben wegfallen?
- Fehlen Tätigkeiten oder Aufgaben?
- Sind die Kapazitäten der Stellen und der benutzten Hilfsmittel voll ausgelastet?
- Könnten durch Umverteilung der Aufgaben oder Tätigkeiten die Kapazitäten besser genutzt werden?
- Verzettelt sich der Abteilungsleiter durch zu viele ausführende Arbeiten?
- Welche anderen Hilfsmittel könnten zur Erfüllung der Aufgaben verwendet werden?
- Könnten die Aufgaben mit diesen Hilfsmitteln wirtschaftlicher erfüllt werden?
- Sind die Tätigkeiten zeitlich zweckmäßig verteilt (richtige Reihenfolge)?
- Sind die angegebenen Zeiten den jeweiligen Tätigkeiten angemessen?
- Sollten Tätigkeiten zentralisiert werden?
- Sollten Tätigkeiten dezentralisiert werden?
- Sind die Stellen durch zu viele Nebenarbeiten wie Schreiben, Sortieren, Ablegen, Transportieren usw. belastet?
- Wie lassen sich notwendige Nebentätigkeiten rationalisieren?
- Ergeben sich dadurch, daß eventuell von verschiedenen Stellen Anweisungen gegeben werden, Kompetenzstreitigkeiten oder sonstige Schwierigkeiten?
- Sind alle benötigten Informationen auch tatsächlich vorhanden?
- Könnte der Informationsfluß verbessert werden?
- Welche Anforderungen werden an den Stelleninhaber, der die vorliegenden Aufgaben erfüllt, gestellt?
- Entsprechen die derzeitigen Stelleninhaber diesen Anforderungen oder sind Neu- bzw. Umbesetzungen zu empfehlen?
- Zum Schluß eine allgemein formulierte Frage, die auf sonstige Verbesserungsmöglichkeiten abzielt: Stellt man sich die Aufgabenerfüllung und -verteilung genauso vor, das heißt ist sie genauso, wie sie eigentlich sein sollte? (Jede Zeile der Liste noch einmal durchgehen!)

Lernkontrolle

1. Welche Angaben erhält man durch den Personalerhebungsbogen? Zählen Sie die neun Fragen auf. (Antwort S. 64)
2. Welche Angaben erhält man durch Tätigkeitsliste 1? (Antwort S. 61 f.)
3. Welche Informationen stehen in Tätigkeitsliste 2? (Antwort S. 61 und 63)
4. Wodurch unterscheiden sich Tätigkeitslisten und Aufgaben- und Arbeitslisten? (Antwort S. 67 f.)
5. Zählen Sie mindestens fünf Fragen der Ist-Kritik auf, die anhand der oben genannten Listen möglich sind! (Antwort S. 76)
6. Was für Möglichkeiten der Analyse bietet ein Arbeitsverteilungsplan? Welche Informationen enthält er und wie kann man ihn auswerten? (Antwort S. 71 ff.)
7. Üben Sie die Ist-Aufnahme mit Hilfe von Personalerhebungsbögen, Tätigkeitslisten und Aufgaben- und Arbeitslisten zunächst am eigenen, Ihnen bekannten Arbeitsplatz. Machen Sie Verbesserungsvorschläge.
8. Weiten Sie Ihre Untersuchungen, soweit dies möglich ist, auch auf andere Stellen aus und machen Sie Verbesserungsvorschläge.

5 Arbeitsablauf

Problemstellung

Fall 1: Wie zeichnet man einen Arbeitsablauf?

Es gibt Verzögerungen im Arbeitsfluß, die Arbeitsobjekte (z. B. Belege) müssen oft hin und her transportiert werden. Zahlreiche Überprüfungen, Genehmigungen, Unterschriften sind erforderlich, Doppelarbeiten kommen vor, Formulare bleiben liegen. Der Einsatz einer neuen Maschine hat die Arbeit eher noch komplizierter gemacht. Sie erfassen den Arbeitsablauf zunächst innerhalb eines bestimmten Teilgebiets grafisch und machen ihn damit einer fundierten Kritik zugänglich.

Fall 2: Wie kann man verbesserte Arbeitsabläufe entwickeln und im Betrieb durchsetzen?

Sie haben einige Ideen zur Verbesserung eines Arbeitsablaufes im Betrieb. Das Kritisieren des bisherigen Ablaufes hat aber eher Skepsis hervorgerufen. Sie entschließen sich, Ist- und Soll-Ablauf einander in grafischer Form gegenüberzustellen.

Die grafische Darstellung von Arbeitsabläufen ist für vielerlei Zwecke von großer praktischr Bedeutung. Aus der EDV, wo grafische Ablaufpläne zur exakten Wiedergabe von Arbeitsschrittfolgen eingesetzt werden, ist diese Arbeitstechnik nicht mehr wegzudenken. Aber auch in der sonstigen Organisationspraxis werden sie immer mehr verwendet.
Es gibt inzwischen eine Fülle von verschiedenen Darstellungsarten. Allen gemeinsam ist, daß aus einem betrieblichen Arbeitsablauf *jeder Arbeitsschritt* (jede Tätigkeit oder auch jeder Tätigkeitskomplex je nach dem gewünschten Detaillierungsgrad) *durch ein Symbol* (ein Quadrat, Rechteck, Dreieck, Kreis usw.) *dargestellt* wird. Abb. 49 zeigt, welche Informationen mit jedem Arbeitsschritt verbunden sind bzw. welche Informationen man für eine eingehende Ist-Analyse in Erfahrung bringen sollte.

Objekte können, wie aus Kapitel 1 bekannt ist, Belege, Karteien, Waren, Kunden, Lieferanten usw. sein. *Hilfsmittel* können, wie ebenfalls von dort bekannt ist, Formulare, Karteien, Maschinen, Geräte usw. sein, also alles, was die Bearbeitung des im Zentrum der Aufgabenerfüllung stehenden Objektes unterstützt, alles was zu dessen Bearbeitung herangezogen wird.
Für eine genaue Organisationsanalyse sind alle in Abb. 49 aufgezählten Informationen (Daten) je Arbeitsschritt zu ermitteln. Bei Umstellungsprojekten von bisher manueller Arbeit auf EDV ist dieses Maß an Genauigkeit besonders häufig erforderlich. Aber auch bei anderen Organisationsprojekten, etwa bei Rationalisierungen ohne EDV-Einsatz, *kann erst der oben gezeigte Detaillierungsgrad alle bestehenden Verbesserungsmöglichkeiten aufdecken.*

a) Eingabe	*Welche Eingabedaten* – werden für b) benötigt (Inhalt)? – kommen woher (Quelle)? – fallen in welcher Menge an (Anzahl)? – fallen wann an (Zeit)? – werden wie übertragen (Form)?
b) Verarbeitung	*Welcher Arbeitsschrift?* – was (bearbeitetes Objekt)? – womit (Hilfsmittel)? – von wem (Aufgabenträger)? – wann, wie lange (Zeit)? – wo (Ort)? – wie (Verarbeitungsregeln bzw. Verrichtungen)? – wieviel (bearbeitete Stücke)? – warum (Impuls)? – wozu (Ziel)?
c) Ausgabe	*Welche Ausgabedaten* – ergeben sich aus b) (Inhalt)? – gehen wohin (Empfänger)? – fallen in welcher Menge an (Anzahl)? – fallen wann an (Zeit)? – werden wie übertragen (Form)?

Abb. 49: Die mit einem Arbeitsschritt zusammenhängenden Informationen

Aufgabe

Beschreiben Sie zur Übung den einfachen Arbeitsschritt „Rechnungen schreiben" vollständig nach dem in Abb. 49 vorgegebenen Muster!

Eingabedaten:

Inhalt: ______________________________

Quelle: ______________________________

Zeit/Menge: ______________________________

Form: ______________________________

Arbeitsschritt:

Objekt: ______________________________

Hilfsmittel: ______________________________

Aufgabenträger: ______________________________

Zeit/Menge: ______________________________

Ort: ______________________________

Verarbeitungsregel: ______________________________

____

____

____

Impuls: ______________________________

Ziel: ______________________________

Ausgabedaten:

Inhalt: ______________________________

Empfänger: ______________________________

Zeit/Menge: ______________________________

Form: ______________________________

Lösungsvorschlag

Eingabedaten:

Inhalt: Auftragsdaten (Kundenname, -nummer; Artikelbezeichnungen, -nummern und -mengen; Datum)
Quelle: Kunden (-aufträge)
Zeit/Menge: täglich ca. 660 Aufträge
Form: Auftragsformular

Arbeitsschritt

Objekt: Rechnungsdaten (Kundenname, -nummer und -anschrift; bestellte Artikel mit Artikelnummern, -bezeichnungen, -mengen und -preisen; Datum; MW-Steuer; Rechnungszwischen- und Endsummen)
Hilfsmittel: Rechnungsformular, Preiskartei, Kundenstammkartei, Artikelstammkartei, Fakturiermaschine.
Aufgabenträger: Verkäufer
Zeit/Menge: täglich ca. 660 Aufträge
Ort: Verkaufsräume
Verarbeitungsregel: Die (unter „Objekt" aufgezählten) Rechnungsdaten werden aus den (bei „Hilfsmittel" genannten) Karteien sowie aus dem Auftragsformular in das Rechnungsformular übertragen, das Datum wird eingetragen, die Zwischensummen, die MW-Steuer und die Endsumme werden mit Hilfe der Fakturiermaschine ermittelt und geschrieben.
Impuls: Abrechnungserfordernisse
Ziel: Rechnung

Ausgabedaten:

Inhalt: Rechnungsdaten
Empfänger: Kunde, Rechnungswesen
Zeit/Menge: Täglich 660
Form: Rechnungsformular

Bei Refastudien, die die Arbeitsabläufe in ihren Einzelbewegungen analysieren sollen, ist der Genauigkeitsgrad noch wesentlich größer. Refastudien werden in der Hauptsache im Fertigungsbereich durchgeführt (Refa = Reichsausschuß für Arbeitszeitermittlung", ab 1947 „Verband für Arbeitsstudien"). Umgekehrt begnügt man sich bei vielen Untersuchungen, vor allem in Büro und Verwaltung, mit weniger detaillierten Informationen. *Jedoch müssen bei jeder organisatorischen Analyse je Arbeitsschritt mindestens vier Angaben bekannt sein:*

Mindestinformationen je Arbeitsschritt

1. Welcher Arbeitsschritt ist durchzuführen?
2. Welches ist das bearbeitete Objekt?
3. Welches Hilfsmittel wird zur Bearbeitung herangezogen?
4. Wer führt den Arbeitsschritt aus?

Die verschiedenen Darstellungstechniken unterscheiden sich durch eine jeweils andere Betonung der Merkmale: *Rein tätigkeitsorientierte Darstellungstechniken* legen den Schwerpunkt auf die Art der Verrichtung. *Belegorientierte Techniken* heben die Verwendung der verschiedenen Belege und die an ihnen zu vollziehenden Arbeitsschritte deutlich hervor. *Stellenorientierte Techniken* machen besonders deutlich, wie Arbeitsabläufe von Stelle zu Stelle verlaufen. *Entscheidungsorientierte Techniken* beschreiben jeden Arbeitsgang in einem gesonderten Rechteck und zeigen darüberhinaus die im Arbeitsablauf an verschiedenen Stellen zu treffenden Entscheidungen besonders deutlich auf. In diesem Buch sollen zwei einfache Techniken erläutert werden, deren Bedeutung in der Praxis in den letzten Jahren gewachsen ist:

a) die entscheidungsorientierte Darstellungstechnik und
b) die tätigkeitsorientierte Darstellungstechnik.[1]

[1] Weitere Ablaufdarstellungen werden erläutert in: Adams, K., Organisationslehre und Datenverarbeitung, Köln 1975

Im folgenden Lösungsteil wird nicht nur das *Zeichnen* von Ablaufplänen erklärt, es wird vor allem Wert auf die *Analyse* der gezeichneten Pläne gelegt, welche den Übergang vom Ist zum Soll bildet.

Lernziel

Sie sollen künftig betriebliche Arbeitsabläufe selbständig zeichnen können. Sie sollen darüberhinaus Ist-Abläufe kritisieren und Soll-Abläufen gegenüberstellen können.

Lösung

Entscheidungsorientierte Arbeitsabläufe

Aufgabe

Beschreiben Sie, bevor Sie weiterlesen, den Arbeitsablauf in Abb. 51 verbal, nachdem Sie sich die Bedeutung der dort benutzten Symbole in Abb. 50 eingeprägt haben.

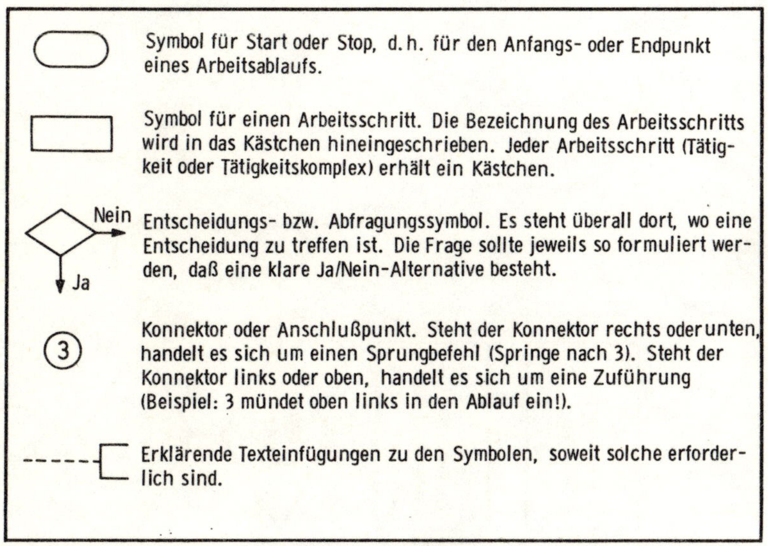

Abb. 50: Symbole zur Arbeitsablaufdarstellung

Verbale Erläuterung des Ablaufsplans in Abb. 51:
Der Lagerverwalter nimmt die mündliche Bestellung eines Monteurs entgegen. Wenn Daten nicht vollständig angegeben sind, erfragt er die fehlenden Daten (z. B. Fahrgestell-Nr., Typ, Baujahr). Danach ermittelt er die Ersatzteil(=Lager)-Nummer aus dem Katalog. Er geht zum Regal, um das betreffende Ersatzteil zu entnehmen. Wenn es vorhanden ist, bringt er es zum Ausgabeschalter. Wenn es fehlt, erfolgt eine Neubestellung. Der Arbeitsablauf zur Neubestellung wird auf Blatt Nr. . . . gezeichnet. Der Lagerverwalter stellt nun fest, ob der Monteur noch ein weiteres Teil haben möchte. Trifft dies zu, muß er erneut die fehlenden Daten erfragen, falls diese von dem Besteller nicht vollständig angegeben werden. Er ermittelt dann wieder die Ersatzteil-Nr. aus dem Katalog usw. Der Arbeitsablauf wiederholt sich also, er bildet eine sogenannte Schleife, auch als *Programmschleife* bezeichnet. Wenn keine weiteren Bestellwünsche des Monteurs vorliegen, füllt der Lagerverwalter einen Materialentnahmeschein (mit 2 Kopien) aus, übergibt das (die) Ersatzteil(e), läßt den Empfang quittieren, trennt Original und Kopien und legt sie getrennt ab (Original dient der Rechnungserstellung, 1. Kopie dient als Ausgabenachweis, 2. Kopie dient der Abbuchung in der Lagerkartei).
Der hier geschilderte Arbeitsablauf ist wiederum nur ein Beispiel für eine in dieser Form allerdings tatsächlich in einem Betrieb geltende Arbeitsfolge. Anspruch auf Allgemeingültigkeit hat dieses Beispiel natürlich nicht. Sollten Sie Erfahrungen in diesem Bereich haben, dann zeichnen Sie einen *Plan,* wie er nach den Kenntnissen, die Sie *aus Ihrem Betrieb* gewonnen haben, aussieht. Eine Diskussion mit mehreren Fachleuten darüber, wie „man“ die Warenausgabe am zweckmäßigsten gestaltet, führt erfahrungsgemäß oft zu Meinungsverschiedenheiten, solange die individuellen Verhältnisse in dem jeweils betrachteten Betrieb nicht genau bekannt sind. Daher kommt Abb. 51 nur Modellcharakter zu. Das gilt auch für die nachfolgenden Beispiele.

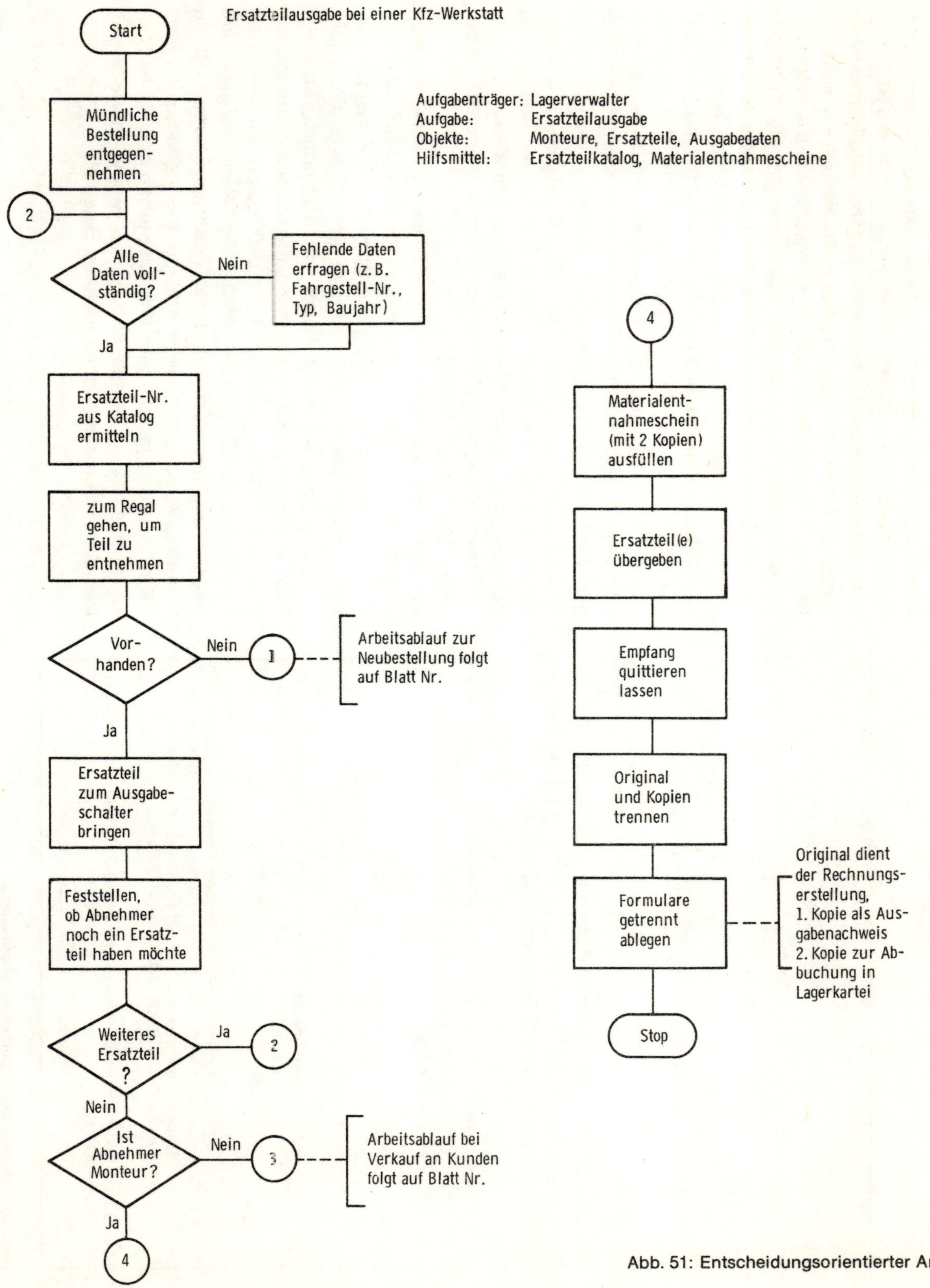

Abb. 51: Entscheidungsorientierter Arbeitsablaufplan

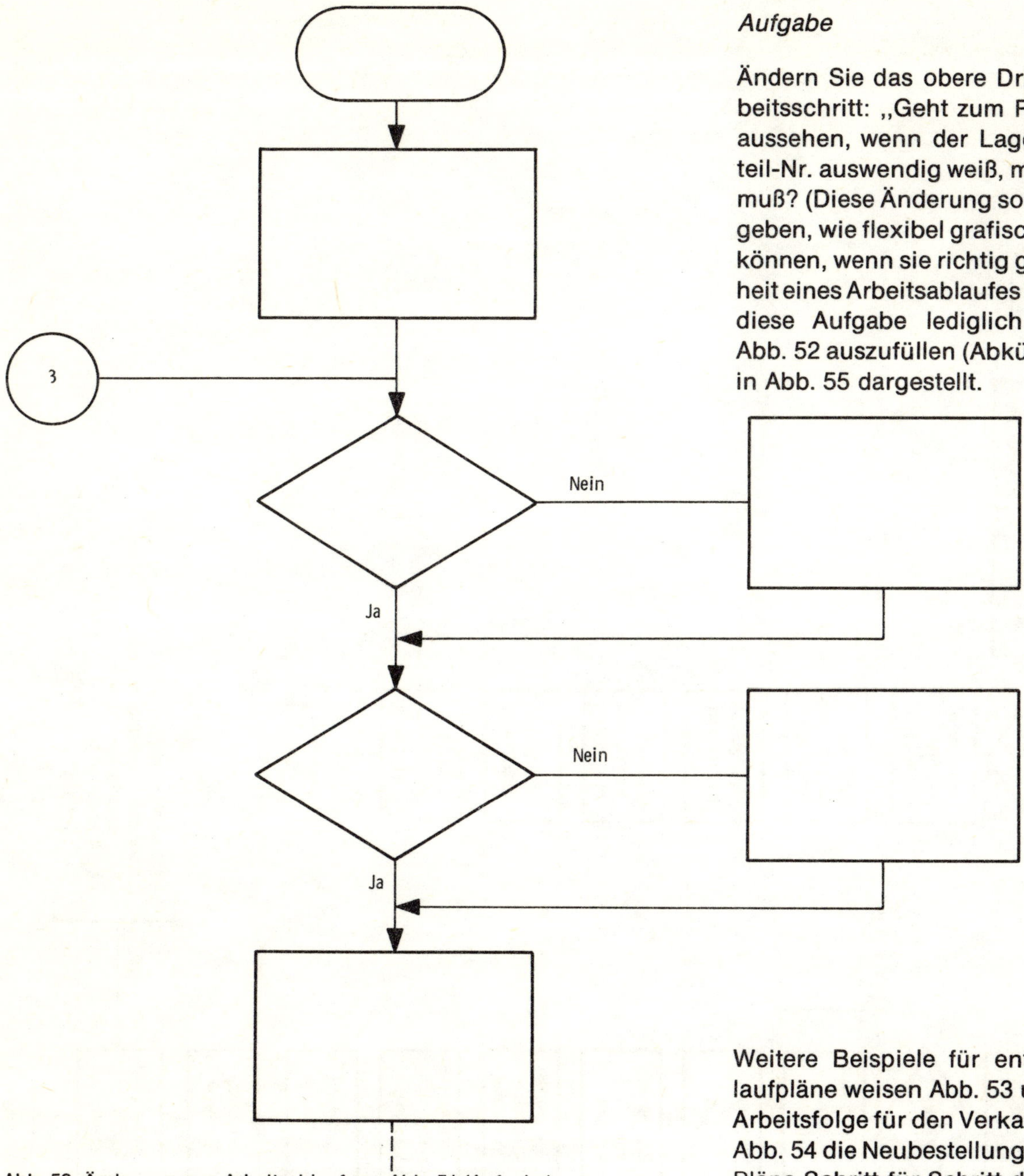

Abb. 52: Änderung zum Arbeitsablauf von Abb. 51 (Aufgabe)

Aufgabe

Ändern Sie das obere Drittel des Ablaufplans (bis zum Arbeitsschritt: „Geht zum Regal . . .“): Wie müßte der Ablauf aussehen, wenn der Lagerverwalter manchmal die Ersatzteil-Nr. auswendig weiß, meist jedoch im Katalog nachsehen muß? (Diese Änderung soll unter anderem ein Beispiel dafür geben, wie flexibel grafische Ablaufpläne dieser Art sind. Sie können, wenn sie richtig gezeichnet werden, jede Besonderheit eines Arbeitsablaufes berücksichtigen). Sie brauchen für diese Aufgabe lediglich die leerstehenden Symbole in Abb. 52 auszufüllen (Abkürzungen genügen). Die Lösung ist in Abb. 55 dargestellt.

Weitere Beispiele für entscheidungsorientierte Arbeitsablaufpläne weisen Abb. 53 und Abb. 54 aus. Abb. 53 zeigt die Arbeitsfolge für den Verkauf von Ersatzteilen an Kunden und Abb. 54 die Neubestellung von Ersatzteilen. Gehen Sie beide Pläne Schritt für Schritt durch.

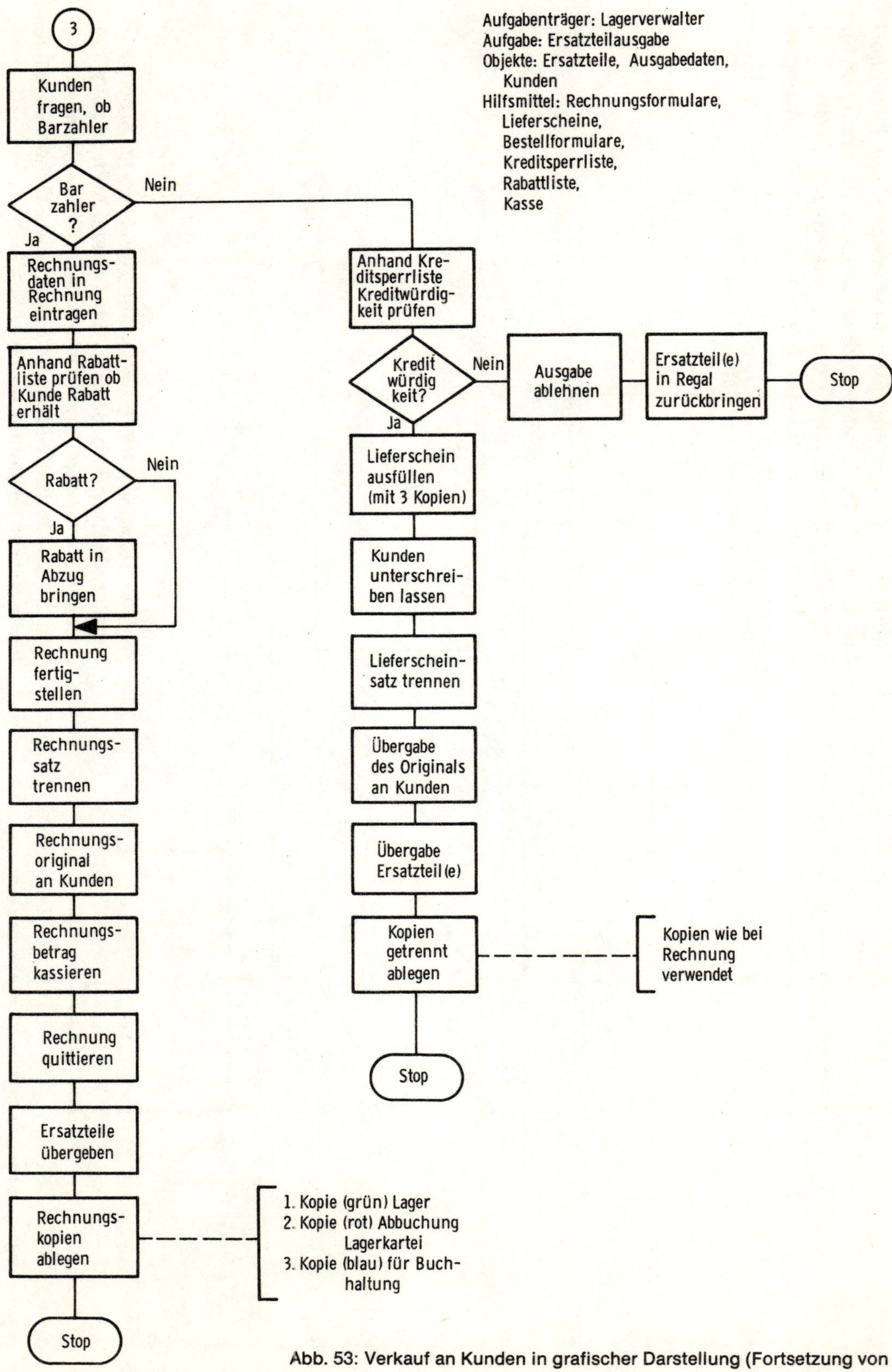

Abb. 53: Verkauf an Kunden in grafischer Darstellung (Fortsetzung von Abb. 51, Anschlußpunkt 3)

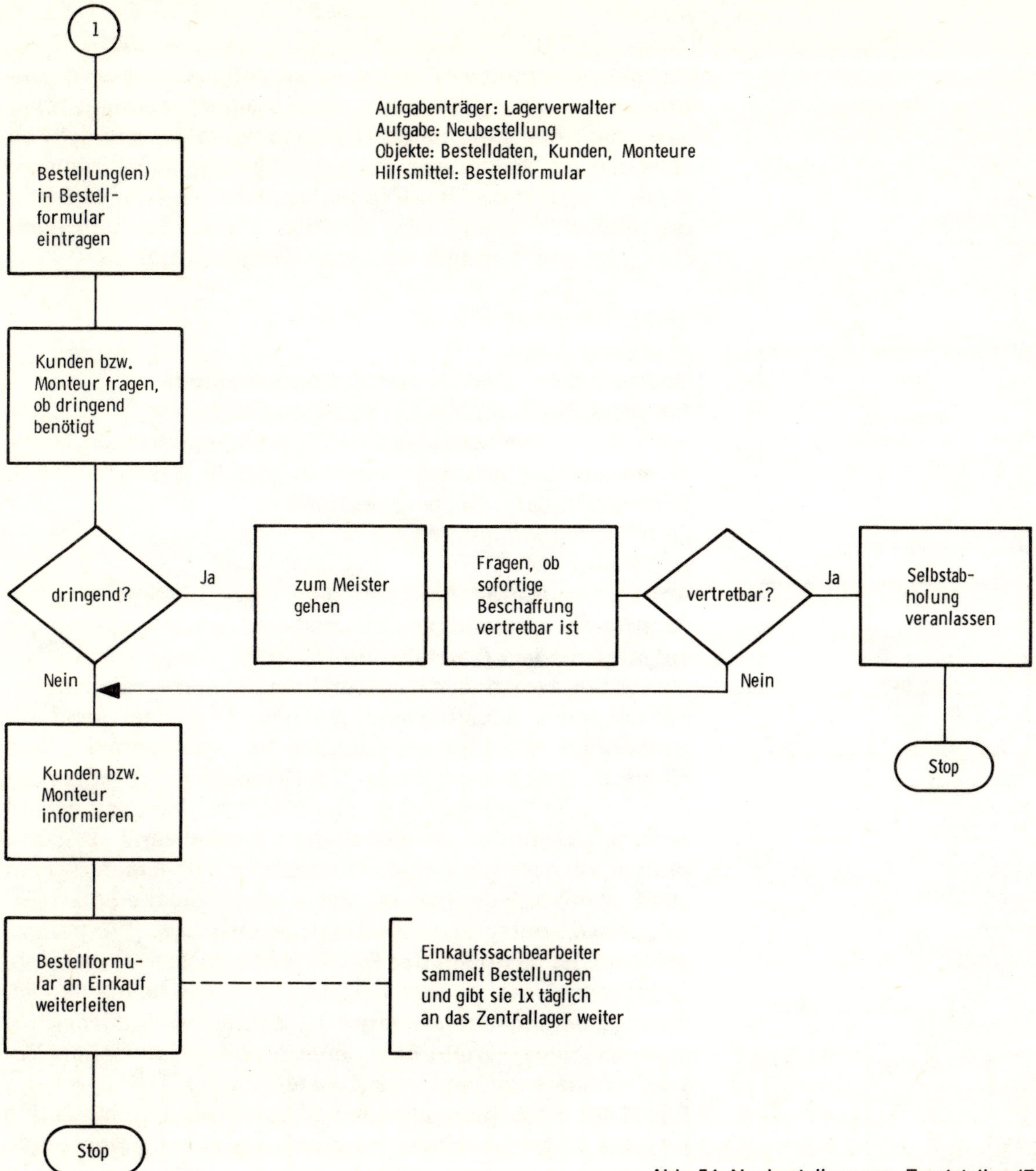

Abb. 54: Neubestellung von Ersatzteilen (Fortsetzung von Abb. 51, Anschlußpunkt 1)

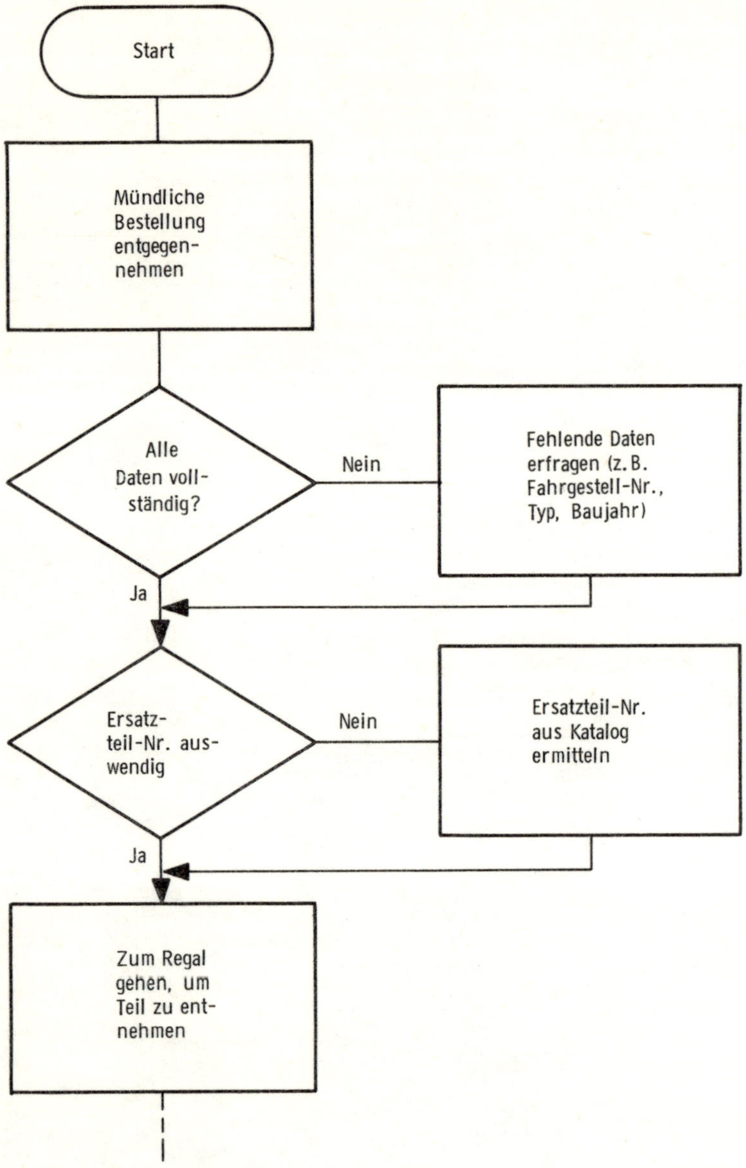

Abb. 55: Änderung zum Arbeitsablauf von Abb. 51 (Lösung)

Aufgabe

Erstellen Sie nunmehr selbst einen Arbeitsablaufplan. Sie können diese Aufgabe lösen, ohne praktische Erfahrungen als Karteiführer gesammelt zu haben. Im folgenden geht es nicht darum, Kenntnisse der Lagerhaltung nachzuweisen, sondern darum, die Übertragungsmethode von der verbalen zur grafischen Darstellung zu üben. Halten Sie sich ganz streng an den Text und benutzen Sie dabei Abb. 56.

Stelle: Karteiführer
Abteilung: Lager
Bearbeitetes Objekt: Ersatzteilausgangsdaten
Aufgabe: Buchung des Ersatzteilausgangs
Hilfsmittel: Lieferscheinkopien; gegebenenfalls auch Materialentnahmeschein oder Rechnungskopie; Ersatzteilkartei; Bestellformulare, Rechenmaschine.
Zeit: 1× täglich um 16 Uhr
Ort: Raum 204
Ablauf: Der Karteiführer entnimmt einen Lieferschein. Danach liest er als erstes die Ersatzteil-Nr. Daraufhin zieht er die entsprechende Ersatzteilkarte. Er trägt darauf die Liefermenge ein, errechnet den neuen Bestand und vergleicht diesen mit dem Mindestbestand. Wenn der Mindestbestand unterschritten ist, trägt er Ersatzteil-Nr., -bezeichnung und Menge im Bestellformular ein. Das Bestellformular legt er danach in eine Sammelmappe ab. Wenn der Mindestbestand nicht unterschritten ist, legt er die Ersatzteilkarte ab. Dann prüft er, ob noch ein weiteres Ersatzteil auf dem Lieferschein steht. Wenn dies der Fall ist, liest er wiederum die Ersatzteil-Nr., zieht die entsprechende Ersatzteilkarte usw. (Programmschleife). Ist das nicht der Fall, legt er den Lieferschein ab. Jetzt stellt er fest, ob noch ein Lieferschein zu bearbeiten ist. Wenn ja, beginnt der gesamte Arbeitsablauf von neuem (Programmschleife). Wenn nein, leitet er die gesammelten Bestellformulare an den Einkauf weiter.
Damit sei diese hier sehr genau beschriebene, bald schon für eine (EDV-)Maschine verständliche Arbeitsfolge abgeschlossen. (Lösung in Abb. 57)

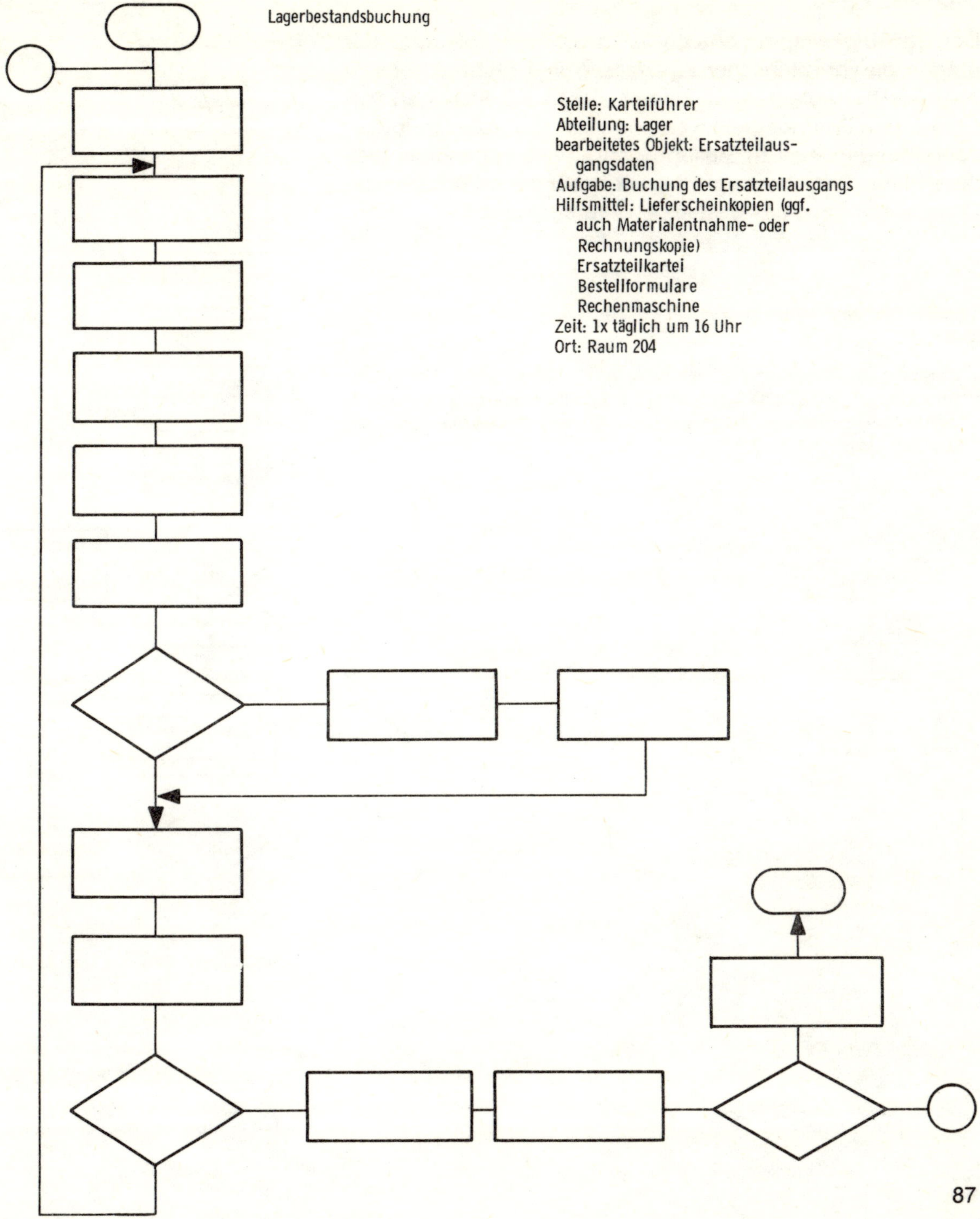

Abb. 56: Arbeitsablauf zur Lagerbestandsbuchung (Aufgabe)

Der *Genauigkeitsgrad* braucht prinzipiell bei Ablaufdarstellungen, die vom Menschen zu erfassen sind, nicht so hoch zu sein wie bei Ablaufdarstellungen, deren Arbeitsfolgen von Computern übernommen werden sollen. Bei Arbeitsfolgebeschreibungen etwa zu Stellenbeschreibungen genügen gröbere Pläne. Den Genauigkeitsgrad bestimmt im übrigen der Organisator bzw. das gesteckte Untersuchungsziel.

Vorteile der entscheidungsorientierten Darstellung von Arbeitsabläufen sind:

- Diese Art der Darstellung ist sehr schnell zu erlernen und zu verstehen.
- Entscheidungen, welche innerhalb eines Arbeitsablaufes zu treffen sind, werden hervorgehoben. Wichtige Stellen des Ablaufes werden damit besonders gekennzeichnet.

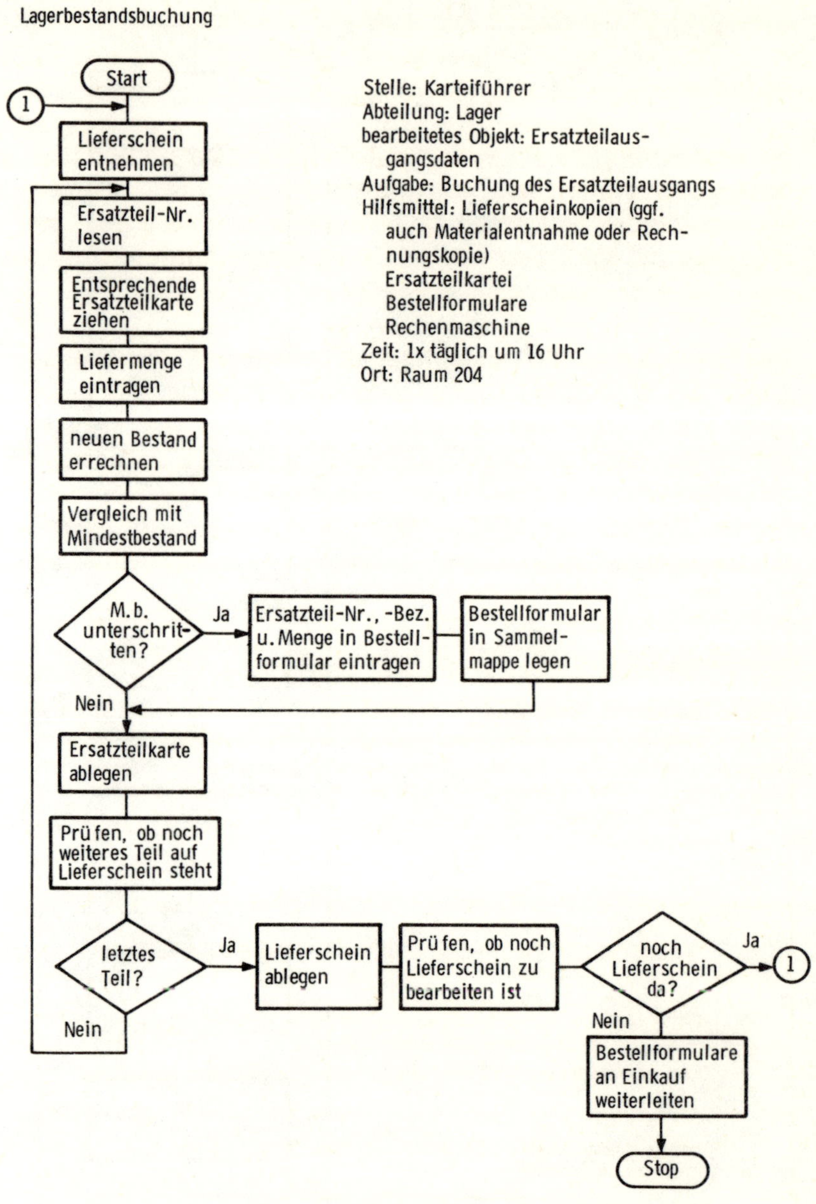

Abb. 57: Arbeitsablauf zur Lagerbestandsbuchung (Lösung)

Tätigkeitsorientierte Abläufe

Aufgabe

Betrachten Sie das Formular in Abb. 59 und versuchen Sie, bevor Sie weiterlesen, es (mündlich) zu interpretieren! Worum handelt es sich bei dem Formular und was geht im einzelnen daraus hervor? (Die Lösung dieser Aufgabe ergibt sich aus dem nachfolgenden Text.)

Das Formular in Abb. 59 zeigt den Arbeitsablauf „Warenausgang" der Abteilung Lagerhaltung im Ist-Zustand, das heißt in der Form, wie er zum Zeitpunkt der Ist-Aufnahme tatsächlich bestanden hat. Die Arbeitsschritte sind in sechs verschiedene Arten aufgegliedert: *Bearbeiten, Transportieren, Prüfen, Entnehmen, Ablegen und Verzögern*. Es werden damit besondere Gruppen von Tätigkeiten herausgebildet, die

Die verwendeten Symbole haben im einzelnen folgende Bedeutung:

○ Bearbeiten (Erzeugen, Erledigen, Gestalten usw.)
Beispiele: Schreiben, Montieren, Übergeben, Bestellen, Eintragen...

⇨ Transportieren (Ortsveränderung einer Person oder eines Gegenstandes)
Beispiele: zum Lager gehen, Ware zur Ausgabe bringen, Werkstück per Fließband weiterleiten...

□ Prüfen (Vergleichen mit Vorlage, Suchen nach gewünschten oder unerwünschten Merkmalen)
Beispiele: Nachmessen, Nachwiegen, Richtigkeit kontrollieren, Vollständigkeit prüfen...

▽ Ablage, Lagerung (Aufbewahrung eines Gegenstandes nach Abschluß einer Arbeitsfolge, meist am Ende einer Arbeitsfolge)
Beispiele: Ablage eines Blattes in Kartei, in Ordner, Ablage eines Werkstückes in Regal ...

D Verzögern (Unterbrechen einer Arbeitsfolge ohne zwingenden Grund, bei Störungen, Aufenthalten)
Beispiele: Wartezeiten bei Materialausgabe, Liegenbleiben von Arbeiten wegen Überlastung, produktionsbedingte Verweilzeiten...

Abb. 58: Symbole für tätigkeitsorientierte Ablaufdarstellungen

der Organisator auch jeweils gesondert überprüfen kann. Der gesamte Arbeitsablauf wird grafisch dargestellt. *Soll- und Ist-Ablauf werden auf einem Formular einander gegenübergestellt* und damit leicht vergleichbar gemacht. Verbesserungen sind dadurch auf den ersten Blick zu erkennen und auch für Nicht-Fachleute durchschaubar. Die Tätigkeiten können je Art addiert und in den Formularkopf eingetragen werden. Sofern Tätigkeitszeiten bekannt sind, lassen sich auch diese notieren. *Es läßt sich nachweisen, bei welchen Arten von Tätigkeiten Einsparungen erzielt werden können.*

Vorteile der Arbeitsablaufformulare

- Der Arbeitsablauf wird nach verschiedenen *Arten von Tätigkeiten* gegliedert. Dadurch wird es möglich, die Tätigkeiten nicht nur nach ihrer sachlichen Richtigkeit und ihrer korrekten Reihenfolge hin zu überprüfen, sondern auch Arbeitsgänge herauszufiltern, die wegen relativ langer Zeiten oder großer Häufigkeit auffallen (beispielsweise häufiges Transportieren, Entnehmen und Ablegen oder Prüfen). Diese Darstellungstechnik macht also die Schwächen eines Arbeitsablaufes sichtbar.
- Die Gegenüberstellung von Soll und Ist auf einem Formular zeigt überzeugender als lange verbale Ausführungen die Überlegenheit der formalisierten Darstellung.
- Allein das Durchdenken von Arbeitsabläufen, zu dem man durch grafische Ablaufdarstellungen gezwungen wird, fördert oft schon Verbesserungsvorschläge.

Wie kann man verbesserte Arbeitsabläufe im Betrieb durchsetzen?

1. Stufe: Erfassen des gegebenen Ist-Ablaufes (grafisch)
2. Stufe: Kritische Durchleuchtung der einzelnen Schritte (mit Hilfe von Prüfkatalogen)
3. Stufe: Gegenüberstellung eines Soll-Vorschlages (grafisch)

Prüffragen sind bereits in Kapitel 4 in den Prüfkatalogen 1 und 2 aufgeführt. Als Ergänzung dazu kann auch der untenstehende Prüfkatalog benutzt werden. Jeder Arbeitsschritt wird dabei einzeln durchgegangen.

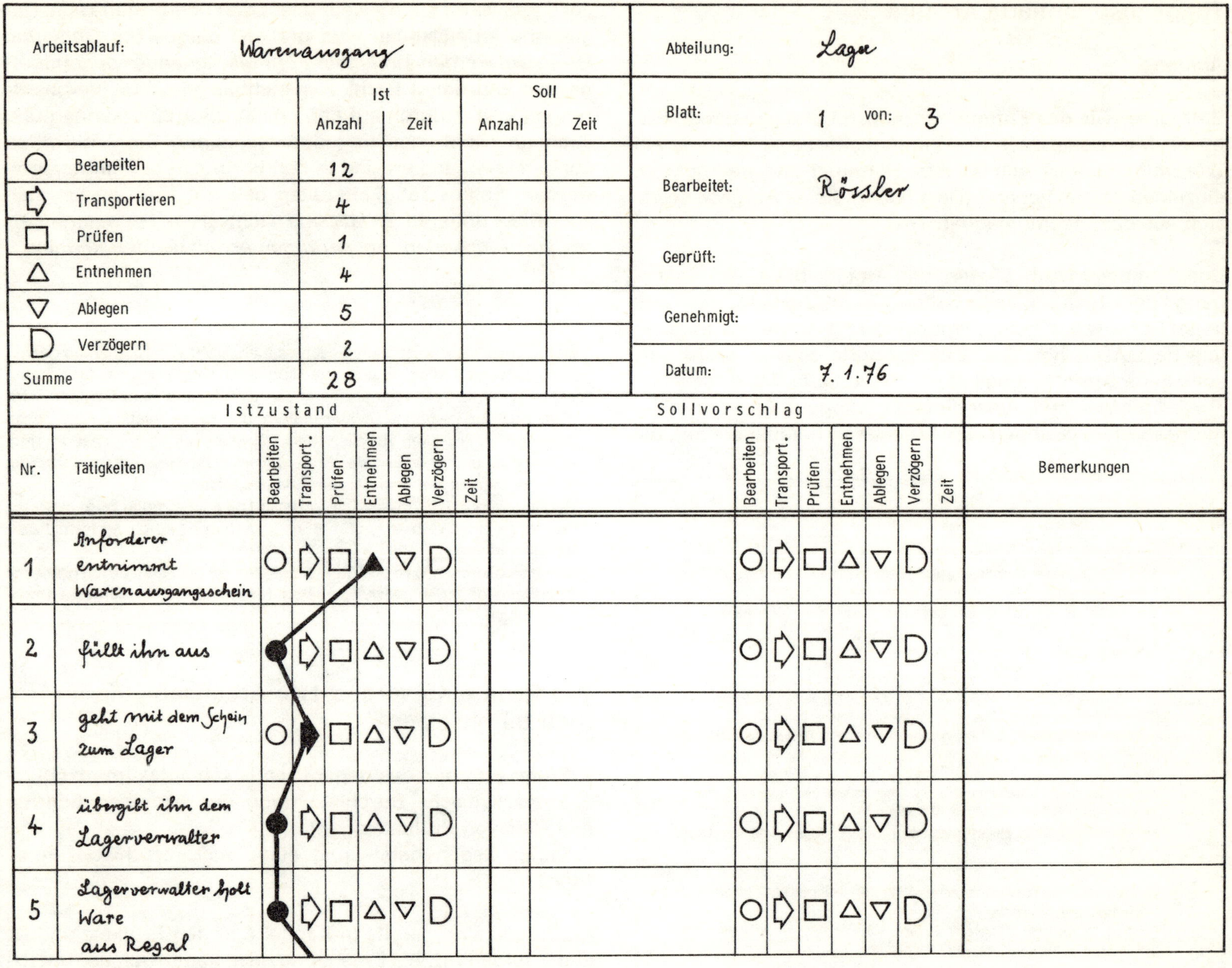

Arbeitsablauf: Warenausgang					Abteilung: Lager
	Ist		Soll		Blatt: 1 von: 3
	Anzahl	Zeit	Anzahl	Zeit	
○ Bearbeiten	12				Bearbeitet: Rössler
⇨ Transportieren	4				
□ Prüfen	1				Geprüft:
△ Entnehmen	4				
▽ Ablegen	5				Genehmigt:
D Verzögern	2				
Summe	28				Datum: 7. 1. 76

Istzustand									Sollvorschlag										
Nr.	Tätigkeiten	Bearbeiten	Transport.	Prüfen	Entnehmen	Ablegen	Verzögern	Zeit			Bearbeiten	Transport.	Prüfen	Entnehmen	Ablegen	Verzögern	Zeit	Bemerkungen
1	Anforderer entnimmt Warenausgangsschein	○	⇨	□	▲	▽	D				○	⇨	□	△	▽	D		
2	füllt ihn aus	●	⇨	□	△	▽	D				○	⇨	□	△	▽	D		
3	geht mit dem Schein zum Lager	○	➡	□	△	▽	D				○	⇨	□	△	▽	D		
4	übergibt ihn dem Lagerverwalter	●	⇨	□	△	▽	D				○	⇨	□	△	▽	D		
5	Lagerverwalter holt Ware aus Regal	●	⇨	□	△	▽	D				○	⇨	□	△	▽	D		

Abb. 59: Beispiel für eine rein tätigkeitsorientierte Ablaufdarstellung

Arbeitsablauf: Warenausgang Blatt: 2 von: 3

Nr.	Tätigkeit	○	⇨	□	△	▽	D				○	⇨	□	△	▽	D		
6	entnimt beiliegende Karteikarte	○	⇨	□	▲	▽	D				○	⇨	□	△	▽	D		
7	trägt Lager-Nr. u. Ausgangsmenge	●	⇨	□	△	▽	D				○	⇨	□	△	▽	D		
8	trägt Abgang in Karteikarte ein	●	⇨	□	△	▽	D				○	⇨	□	△	▽	D		
9	legt Karteikarte ab	○	⇨	□	△	▼	D				○	⇨	□	△	▽	D		
10	transportiert Ware zum Ausgabeschalter	○	➡	□	△	▽	D				○	⇨	□	△	▽	D		
11	zeichnet WA-schein ab	●	⇨	□	△	▽	D				○	⇨	□	△	▽	D		
12	übergibt Ware an Empfänger	●	⇨	□	△	▽	D				○	⇨	□	△	▽	D		
13	Empfänger bestätigt Empfang	●	⇨	□	△	▽	D				○	⇨	□	△	▽	D		
14	Lagerverwalter trennt Original und Kopie	●	⇨	□	△	▽	D				○	⇨	□	△	▽	D		
15	legt das Original ab	○	⇨	□	△	▼	D				○	⇨	□	△	▽	D		
16	Kopie geht an den Lagerbuchhalter	○	➡	□	△	▽	D				○	⇨	□	△	▽	D		
17	Kopie bleibt dort liegen	○	⇨	□	△	▽	◗				○	⇨	□	△	▽	D		

Arbeitsablauf: Warenausgang Blatt: 3 von: 3

18	Lagerbuchhalter entnimmt Bestandskarte,	○ ⇨ □ ▲ ▽ D			○ ⇨ □ △ ▽ D	
19	trägt Abgang ein,	● ⇨ □ △ ▽ D			○ ⇨ □ △ ▽ D	
20	legt Kopie vom Ausgangsschein ab,	○ ⇨ □ △ ▼ D			○ ⇨ □ △ ▽ D	
21	prüft, ob Mindestbestand unterschritten ist,	○ ⇨ ■ △ ▽ D			○ ⇨ □ △ ▽ D	
22	Wenn nicht, wird Bestandskarte abgelegt,	○ ⇨ □ △ ▼ D			○ ⇨ □ △ ▽ D	
23	Wenn ja, wird eine Bestandskarte entnommen.	○ ⇨ □ ▲ ▽ D			○ ⇨ □ △ ▽ D	
24	Anforderungsmenge wird eingetragen	● ⇨ □ △ ▽ D			○ ⇨ □ △ ▽ D	
25	Bestellkarte geht an Einkauf.	○ ➡ □ △ ▽ D			○ ⇨ □ △ ▽ D	
26	Dort bleibt sie liegen.	○ ⇨ □ △ ▽ ◗			○ ⇨ □ △ ▽ D	
27	Dann erfolgt die Bestellung. (gesonderter Ablauf)	● ⇨ □ △ ▽ D			○ ⇨ □ △ ▽ D	
28	Bestellkarte wird abgelegt.	○ ⇨ □ △ ▼ D			○ ⇨ □ △ ▽ D	

Ist-Kritik je Arbeitsschritt (Prüfkatalog 3, Vgl. auch Seite 76 und 77)

- Ist der betreffende Arbeitsschritt sachlich notwendig? (Welchen Zweck erfüllt er? Was geschieht, wenn er wegfällt?)
  Diese Fragen richten sich sowohl an die Tätigkeit des „Bearbeitens" als auch an die anderen Tätigkeiten wie „Transportieren", „Prüfen", „Entnehmen" usw.
- Kann die Tätigkeit durch Einsatz eines (anderen) Gerätes verbessert (verkürzt, vereinfacht, billiger gestaltet) werden?
- Kann die Tätigkeit durch ein (anderes) Formular, eine (andere) Unterlage, ein (anderes) Material verbessert werden?
- Kann der Arbeitsschritt mit Vorteil zeitlich verändert werden? (Kann er an einer anderen Stelle des Arbeitsablaufs besser erfolgen? Kann der Ablauf eventuell umgestellt werden?)
- Sollte der betreffende Schritt mit einem anderen Arbeitsschritt verbunden, zusammengefaßt oder getrennt und in einen anderen Ablauf eingefügt werden?
- Kann eine Verbesserung durch eine räumliche Veränderung erzielt werden? (Verkürzung der Wege, intensivere Nutzung der Räume?)
- Kann der Arbeitsschritt besser durch eine andere Stelle oder einen anderen Stelleninhaber (männlich/weiblich, Alter, Ausbildung, Kenntnisse etc.) ausgeführt werden?
- Gibt es sonstige Verbesserungsmöglichkeiten oder -vorschläge?

Wenn die Informationen, die aus den Arbeitsablaufformularen hervorgehen, nicht ausreichen, um die obenstehenden Fragen vollständig beantworten zu können, dann verschafft sich der Organisator weitere Angaben durch zusätzliche mündliche oder schriftliche Befragungen. Wie diese durchgeführt werden, wird im letzten Kapitel dieses Buches (Kapitel 7) noch besprochen.

Aufgabe

Wenn Sie über Kenntnisse der Lagerhaltung verfügen und Verbesserungsvorschläge zu dem Arbeitsablauf in Abb. 59 haben, dann zeichnen Sie einen neuen Arbeitsablauf in die mit „Soll-Vorschlag" überschriebenen Spalten. Vervollständigen Sie also das Formular der Abb. 59! Anderenfalls tragen Sie zu Übungszwecken einen beliebigen Arbeitsablauf, den Sie kennen oder kurzfristig kennenlernen können, in ein Arbeitsablaufformular ein! Zwei Leerformulare sind in Abb. 60 dafür vorgegeben.

Arbeitsablauf:

	Ist		Soll	
	Anzahl	Zeit	Anzahl	Zeit
○ Bearbeiten				
⇨ Transportieren				
□ Prüfen				
△ Entnehmen				
▽ Ablegen				
D Verzögern				
Summe				

Abteilung:	
Blatt:	von:
Bearbeitet:	
Geprüft:	
Genehmigt:	
Datum:	

Istzustand									Sollvorschlag										
Nr.	Tätigkeiten	Bearbeiten	Transport.	Prüfen	Entnehmen	Ablegen	Verzögern	Zeit			Bearbeiten	Transport.	Prüfen	Entnehmen	Ablegen	Verzögern	Zeit	Bemerkungen
		○	⇨	□	△	▽	D				○	⇨	□	△	▽	D		
		○	⇨	□	△	▽	D				○	⇨	□	△	▽	D		
		○	⇨	□	△	▽	D				○	⇨	□	△	▽	D		
		○	⇨	□	△	▽	D				○	⇨	□	△	▽	D		
		○	⇨	□	△	▽	D				○	⇨	□	△	▽	D		

Abb. 60: Leerformular für eine Ablaufdarstellung zu Übungszwecken

Arbeitsablauf: Blatt: von:

		○	⇨	□	△	▽	D				○	⇨	□	△	▽	D		
		○	⇨	□	△	▽	D				○	⇨	□	△	▽	D		
		○	⇨	□	△	▽	D				○	⇨	□	△	▽	D		
		○	⇨	□	△	▽	D				○	⇨	□	△	▽	D		
		○	⇨	□	△	▽	D				○	⇨	□	△	▽	D		
		○	⇨	□	△	▽	D				○	⇨	□	△	▽	D		
		○	⇨	□	△	▽	D				○	⇨	□	△	▽	D		
		○	⇨	□	△	▽	D				○	⇨	□	△	▽	D		
		○	⇨	□	△	▽	D				○	⇨	□	△	▽	D		
		○	⇨	□	△	▽	D				○	⇨	□	△	▽	D		
		○	⇨	□	△	▽	D				○	⇨	□	△	▽	D		
		○	⇨	□	△	▽	D				○	⇨	□	△	▽	D		

Lernkontrolle

1. Was versteht man in diesem Zusammenhang unter einem „Symbol"? (Vergleiche S. 78)
2. Was ist richtig: a), b) oder c)?
   a) Grundsätzlich soll jeder Arbeitsschritt durch ein Symbol dargestellt werden.
   b) Es sollen grundsätzlich mehrere Arbeitsschritte durch ein Symbol dargestellt werden.
   c) Innerhalb eines Arbeitsablaufs soll man nach a) oder b) verfahren, je nachdem, wie der Organisator es gerade für richtig hält.
   (Antwort vergleiche S. 78)
3. Um einen Arbeitsschritt genau zu untersuchen und alle Möglichkeiten der Rationalisierung auszunutzen, muß man die Eingabedaten für einen Arbeitsschritt, den Arbeitsschritt selbst und die Ausgabedaten des Arbeitsschrittes erfassen. Nennen Sie zu jedem Begriff mindestens drei Fragen, aus denen nähere Informationen über die genannten drei Teilbereiche hervorgehen!
   (Antwort: Vergleiche S. 79 Abschnitte a), b) und c))
4. Wie heißt der Refa-Verband heute? (Antwort S. 80)
5. Welches ist der Mindestinformationsgehalt je Arbeitsschritt (Welche vier Fragen müssen zu jedem Arbeitsschritt mindestens beantwortet werden)? (Antwort vergleiche S. 80)
6. Beschreiben Sie kurz (mit je einem Stichwort) mindestens drei verschiedene Arten von Arbeitsablaufdarstellungen. (Antwort S. 80)
7. Was bedeuten die Symbole: (Antwort S. 81)

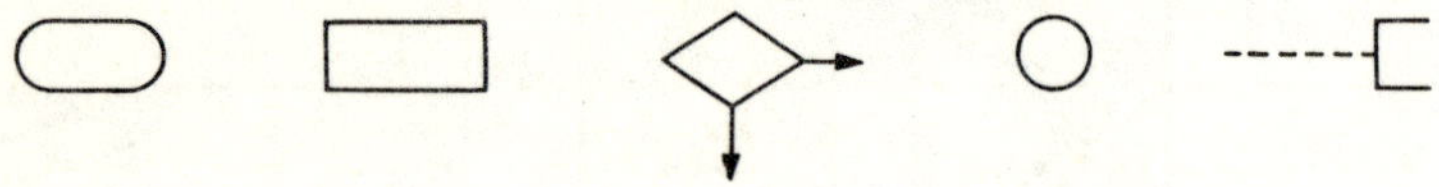

8. Was versteht man unter „Programmschleife"? (Antwort S. 81)
9. Woran kann man bei einem Arbeitsablaufformular (vgl. etwa das von Abb. 59) erkennen, ob der Soll-Ablauf
   a) hinsichtlich der Zahl der Arbeitsschritte
   b) hinsichtlich der Zeit der Arbeitsfolgen
   c) hinsichtlich der Art der Arbeitsschritte
   dem Ist-Ablauf überlegen ist?
   (Antwort: Vergleiche S. 90)
10. Vergleichen Sie den Arbeitsablauf von Abb. 59 mit dem in Abb. 51! Was ist der Unterschied zwischen beiden Darstellungstechniken (Was wird in Abb. 51 stärker betont)? (Vgl. S. 88)
11. Üben Sie wenigstens eine der Darstellungstechniken anhand von Ihnen bekannten Arbeitsabläufen! Vielleicht erkennen Sie bereits beim Erfassen der Ist-Abläufe Rationalisierungsmöglichkeiten?
    Als Hilfsmittel können Sie sich ein Arbeitsablaufformular selbst auf ein Blatt zeichnen und später fotokopieren. Es gibt im Handel auch die verschiedensten Schablonen zum Zeichnen der hier vorgestellten grafischen Symbole.

6 Wirtschaftlichkeit

Problemstellung

Fall 1: Was steht in einer Wirtschaftlichkeitsrechnung?

Zwei neue Büromaschinen sollen eingesetzt werden (Fakturiermaschinen, Buchungsmaschinen, Anlagen der mittleren Datentechnik etc.). Die neuen Geräte sind relativ teuer, es können jedoch wesentliche Personalkosteneinsparungen erzielt werden. Durch eine Wirtschaftlichkeitsrechnung soll geprüft werden, ob das geplante Arbeitsverfahren mit den neuen Geräten günstiger ist.

Fall 2: Wie wird ein Wirtschaftlichkeitsvergleich durchgeführt?

Nach Ihrer Meinung könnte ein bestimmter Arbeitsablauf in dem Betrieb, in dem Sie arbeiten, verbessert werden. Der Vorschlag findet jedoch kein Gehör. Sie überlegen, wie Sie den Vorschlag überzeugend darlegen können. Sie entschließen sich, neben einer grafischen Ablaufdarstellung einen Wirtschaftlichkeitsvergleich von Soll und Ist in Tabellenform anzufertigen.

Ein Buch über die Betriebsorganisation bleibt ohne einen Abschnitt über die Wirtschaftlichkeitsrechnung ebenso unvollständig wie ein Organisationsprojekt ohne einen Wirtschaftlichkeitsvergleich. *Es ist und bleibt nun einmal so: Organisationsvorschläge haben nur dann eine Chance, realisiert zu werden, wenn sie entweder Einsparungen (Kostenminderungen) oder sonstige Verbesserungen wie zum Beispiel höhere Produktionsqualität, aktuellere und bessere Informationen, bessere Maschinenbedienung, größeres Image usw. (Leistungssteigerungen) erbringen. Dies aber kann letztlich nur durch einen Wirtschaftlichkeitsvergleich klargestellt werden.*
Im folgenden wird zunächst erläutert, was man unter Wirtschaftlichkeit versteht, welche Positionen in eine Wirtschaftlichkeitsrechnung gehören und welche Gesichtspunkte bei der Zusammenstellung der Informationen zu berücksichtigen sind. Eine kleine Fallstudie mit angegebener Lösung schließt diesen Abschnitt ab.

Lernziel

Sie sollen künftig neue und alte Verfahren in ihrer Wirtschaftlichkeit beurteilen können.

Lösung

Was versteht man unter Wirtschaftlichkeit?

Unter Wirtschaftlichkeit stellt man sich in Theorie und Praxis nicht immer das Gleiche vor. Der Begriff kann sich unter anderem (1) auf Soll- und Ist-Kosten, (2) auf Leistung und Kosten beziehen:

$$(1)\ \text{Wirtschaftlichkeit} = \frac{\text{Soll-Kosten}}{\text{Ist-Kosten}} \quad \text{z. B.} \quad \frac{800}{1000}$$

Soll-Kosten sind geplante Kosten (eines neuen Verfahrens), Ist-Kosten sind tatsächlich zum Zeitpunkt der Ermittlung festgestellte Kosten. Von mehreren geplanten Verfahren ist dasjenige am wirtschaftlichsten, bei dem das Verhältnis von Soll-Kosten zu Ist-Kosten am günstigsten ist, der Wert des Bruches also am kleinsten ist. W_1 ist im untenstehenden Beispiel kleiner als W_2, daher ist das erste Verfahren kostengünstiger:

$$W_1 = \frac{400}{600}, \quad W_2 = \frac{500}{600}.$$

Bei dieser Art von Wirtschaftlichkeitsrechnung handelt es sich um eine, in der Praxis am häufigsten verwendete, reine Kostenvergleichsrechnung.

(2) Schon die einfache Formel oben zeigt, daß es bei der Wirtschaftlichkeit auf einen Vergleich ankommt. Ein neues Arbeitsverfahren, eine neue Maschine etc. wird mit einem alten Verfahren, einer bisher eingesetzten Maschine etc. verglichen. Dabei wird allerdings oben noch ein Punkt vernachlässigt: *Was ist, wenn aufgrund einer neuen Maschine zwar die Kosten steigen, aber auch die Produktion vergrößert und damit der Umsatz verbessert werden kann?* Hier ist nicht nur eine Kostensteigerung, sondern auch eine Leistungssteigerung gegeben. Es liegt in diesem Fall nahe, Leistung und Kosten des alten und des neuen Verfahrens gegenüberzustellen, wobei als Leistung dann der Umsatz angesehen werden kann:

$$W = \frac{L_2/K_2 \text{ (neues Verfahren)}}{L_1/K_1 \text{ (altes Verfahren)}}$$

$$\text{Z. B.} \quad \frac{1000/500}{600/400} = \frac{2}{1{,}5} = 1{,}333$$

Das neue Verfahren ist in dem obenstehenden Beispiel wirtschaftlicher, obwohl die Kosten höher sind. Es ist in der Praxis allerdings schwierig zu beweisen, daß eine aufgetretene Umsatzsteigerung allein auf die neue Maschine zurückzuführen ist, da sich meistens in der Zwischenzeit noch andere Verbesserungen ergeben können wie z. B. höhere Werbeanstrengungen, besserer Service, bessere Produktqualität usw. Darüberhinaus können mit einem neuen Verfahren auch *Leistungssteigerungen* verbunden sein, *die sich von vornherein nicht zahlenmäßig ausdrücken lassen: sogenannte immaterielle Leistungen.* Dazu gehören aktuellere und verbesserte Informationen (z. B. durch EDV-Einsatz), bessere Maschinenbedienung, stärkeres Image, besseres Betriebsklima etc. Diese immateriellen Leistungen können eine Entscheidung stark beeinflussen, sie können sogar den Ausschlag zugunsten des neuen Verfahrens bzw. zugunsten der bisherigen Methode geben.

In der Praxis begnügt man sich meistens mit einer einfachen, statischen Wirtschaftlichkeitsrechnung: Es werden Personal-, Maschinen- und sonstige Kosten wie Raum-, Energie- und Materialkosten des alten Verfahrens (Ist) und des neuen Verfahrens (Soll) gegenübergestellt. Auch die Kapitalzinsen finden sich in den Wirtschaftlichkeitsrechnungen wieder, obwohl sie nur befristet anfallen. Darauf soll gleich noch eingegangen werden. Vorher ist noch der Unterschied zwischen Wirtschaftlichkeit und Rentabilität zu verdeutlichen:

$$\textit{Rentabilität} = \frac{\text{Gewinn}}{\text{Kapital}}$$

Der *Gewinn* ermittelt sich aus der Differenz zwischen Ertrag und Aufwand ($G = E - A$) bzw. Umsatz und Kosten ($G = U - K$). Das *Kapital* steckt im Anlage- und Umlaufvermögen. Die Rentabilität kann (bei einer größeren Investition meist erst langfristig) verbessert werden, wenn der Ertrag bzw. der Umsatz steigt und/oder der Aufwand bzw. die Kosten sinken und/oder wenn das Anlage- und/oder das Umlaufvermögen sinkt.

Aufgabe

a) Wodurch kann der Umsatz erhöht werden?

1. durch Werbung, ____________________

2. durch ____________________

b) Welche Kostenpositionen können beispielsweise durch ein neues Arbeitsverfahren gesenkt werden?

1. ____________________

2. ____________________

3. ____________________

c) Wodurch kann das Umlaufvermögen zum Beispiel gesenkt werden?

1. ____________________

2. ____________________

d) Wie könnte das Anlagevermögen verringert werden?

____

____

Lösung

a) Der *Umsatz* kann erhöht werden 1. durch Preissteigerungen, 2. durch Expansion der Absatzmengen. Das kann erzielt werden durch ein qualitativ verbessertes Angebot wie beispielsweise schnellere Lieferung, verbessertes Produkt, mehr Werbung etc.

b) *Kosten* können beispielsweise verringert werden durch Einsparungen 1. bei Maschinenkosten, 2. bei Personalkosten, 3. bei Raummieten. Auf die Kosten werden wir noch näher eingehen.

c) Klassisches Beispiel für eine Senkung des *Umlaufvermögens* ist die Verringerung des Lagerbestandes. Aber auch eine Senkung der liquide gehaltenen Mittel (Kassenbestände, sofort abrufbare Bankbestände etc.) gehört hierher.

d) Das *Anlagevermögen* kann beispielsweise durch eine Reduktion des Maschinenparks (bessere Auslastung) oder durch bessere Planung (weniger Fehlinvestitionen durch EDV-Planung) verringert werden.

Was gehört in eine Wirtschaftlichkeitsrechnung hinein?

– Personalkosten

Die Personalkosten, nach Tätigkeiten gegliedert, können anhand einer Tabelle wie in Abb. 61 erfaßt werden. Die Zeitangaben können den Tätigkeitslisten entnommen oder mit Hilfe

Tätigkeiten	Arbeitszeiten (in Std. pro Monat)	Art des benötigten Personals	Monatl. Gehälter, Löhne + Nebenkosten	Personalkosten pro Tätigkeit
Summe:		Personalgesamtkosten des neuen Verfahrens:		

Abb. 61: Detaillierte Personalkostenschätzung

anderer Zeitermittlungsverfahren (vgl. Kapitel 3) gefunden werden. Der Ist-Liste kann eine Soll-Liste gegenübergestellt werden.

– Maschinenkosten

Gemietete Maschinen werden mit den *Mietkosten* eingesetzt. Gekaufte Maschinen werden dagegen mit den *Abschreibungen* veranschlagt (ein in der Praxis in dieser Form sehr häufig praktiziertes Verfahren). Bei Kauf sind oft noch zusätzlich *Wartungskosten* (eventuell *Versicherungskosten*) einzusetzen. Auch hier ist zu berücksichtigen, ob die Maschinen noch zusätzlich von Aufgabenträgern genutzt werden, die sich außerhalb des gerade untersuchten Arbeitsgebietes befinden. Wird eine Maschine von mehreren Abteilungen genutzt, die Wirtschaftlichkeit aber von nur einer Abteilung analysiert, dann sind die Maschinenkosten lediglich *entsprechend der Nutzungsdauer der betreffenden Abteilung,* also anteilig, zu verrechnen. Im übrigen müssen stets die Gesamtkosten der Maschine in die Rechnung eingesetzt werden, gleichgültig ob sie voll ausgelastet ist oder nicht, denn die Gesamtkosten bleiben vom *Grad der Auslastung* unberührt. *Abschreibungsdauern* liegen in der Regel bei Maschinen zwischen drei und acht Jahren.

– Kapitalzinsen

Kapitalzinsen fallen nur für eine begrenzte Zeitdauer, nämlich für die Dauer der *Amortisation des eingesetzten Kapitals* an. Sie werden trotzdem meistens in Wirtschaftlichkeitsrechnungen aufgenommen. Sie fallen allerdings dann nicht an, wenn die Anlagen oder Maschinen gemietet werden. Der Kapitalzins wird jedoch nur *auf den halben Anschaffungspreis bezogen,* da die Zinsbelastung von Jahr zu Jahr abnimmt. In der ersten Halbzeit sind die Zinskosten höher, in der zweiten Halbzeit dagegen sind sie niedriger, deshalb werden sie über den gesamten Zeitraum auf den halbierten Anschaffungspreis angesetzt. (Ein Beispiel hierzu wird in der folgenden Fallstudie gegeben.)

– Sonstige Kosten

Für das betrachtete Arbeitsverfahren benutzte *Räume,* verbrauchte *Energie* und benutztes *Material* sind mit „sonstigen Kosten" gemeint. Auch sie sind gegebenenfalls nur anteilig zu berücksichtigen.

Wie wird ein Wirtschaftlichkeitsvergleich durchgeführt?

Die *gesamten Kosten* des alten und neuen Verfahrens werden dann in einer Tabelle nach dem Muster von Abb. 62 eingesetzt. Dabei ist darauf zu achten, daß alle Kosten auf die gleiche Periode (in der Regel ein Jahr) bezogen werden.

Fallstudie

Zwei neue Büromaschinen sollen eingesetzt werden (Fakturier-, Buchungsmaschinen, Anlagen der mittleren Datentechnik etc.).

Kosten bisher (altes Verfahren):
Vier Angestellte haben an den vier veralteten Geräten gearbeitet, eine davon jedoch nur halbtags (Personalkosten einschließlich Nebenkosten für eine ganztags-beschäftigte Arbeitskraft 2000 DM pro Monat). Die Maschinen wurden gemietet (Miete pro Stück 400 DM). Miete für Raumnutzung: 1200 DM monatlich, davon wurde jedoch ein Teil als Lagerraum benutzt (etwa 1/4). Formularkosten sind mit rund 150 DM pro Monat anzusetzen. Energiekosten für alle vier Geräte 300 DM pro Monat.

Kosten geplant (neues Verfahren):
Zwei Angestellte arbeiten an den beiden Geräten, eine davon jedoch nur 6 von 8 Stunden täglich (Personalgesamtkosten für eine ganztags beschäftigte Arbeitskraft 2000 DM pro Monat). Die restlichen beiden Stunden kann die zweite Angestellte für andere Aufgaben eingesetzt werden. Die beiden

anderen Angestellten, die beim neuen Verfahren nicht mehr benötigt werden, können in neue Arbeitsgebiete eingearbeitet werden. Die neuen Geräte sollen gekauft werden: Anschaffungskosten 100000 DM pro Stück. Abschreibungsdauer 5 Jahre. Kapitalzins für das in den Geräten gebundene Kapital ist mit 6,5% pro Jahr angenommen. Die Raumnutzung wird bei gleichbleibender Miete geändert: Jetzt kann die Hälfte für Lagerhaltungsaufgaben genutzt werden. Formularkosten sind auf 250 DM pro Monat gestiegen. Energiekosten für zwei Geräte 150 DM pro Monat.

Welches Verfahren ist wirtschaftlicher? Tragen Sie Ihre Ergebnisse in die Tabelle in Abb. 62 ein! Treffen Sie eine Entscheidung darüber, ob Sie die Anschaffung der neuen Anlagen befürworten!

Lösung

Die Einführung des neuen Verfahrens ist zu empfehlen, da die Wirtschaftlichkeitsrechnung Einsparungen in Höhe von 18.900 DM pro Jahr ausweist. Diese Feststellung gilt, obwohl die Anschaffungskosten für die beiden neuen Geräte mit 200000 DM relativ hoch sind. Beim neuen Verfahren wirken sich der wesentlich geringere Personaleinsatz mit jährlich 42.000 DM und die niedrigeren sonstigen Kosten mit 4200 DM kostenmindernd aus. Zwar sind die Personalkosten des Gesamtbetriebes nicht gesunken, da die nicht mehr in der betreffenden Unterabteilung benötigten Arbeitskräfte in anderen Bereichen arbeiten. Aber dort entlasten sie die Mitarbeiter. so daß erforderliche Neueinstellungen und

Abb. 62: Einfache Wirtschaftlichkeitsrechnung (Aufgabe)

Kostenarten	Ist-Kosten (in DM pro Jahr)	Soll-Kosten (in DM pro Jahr)	Mehrkosten (+) Einsparungen (-)
Personalkosten			
Maschinenkosten			
Kapitalkosten			
Sonstige Kosten (Raum-, Formular-, Energiekosten)			
Ergebnis			

damit finanzielle Mehrbelastungen vermieden werden können.

Bei einem reinen Zahlenspiel in Wirtschaftlichkeitsrechnungen, vor allem beim Jonglieren mit *Personaleinsparungsraten,* ist allerdings grundsätzlich zu bedenken, daß es auch im Wirtschaftsbereich außer Kostengrößen noch andere Faktoren gibt, die in eine Entscheidung für oder wider ein neues Verfahren einfließen. Oben wurde schon über die sogenannten immateriellen Faktoren gesprochen. Es ist daher gerade bei Rationalisierungen zu beachten, daß sich Personalberechnungen nicht auf den „Faktor Arbeit" beziehen, sondern auf den Menschen. Daraus ergibt sich ein großes Maß an Verantwortung für den Organisator, der häufig die wichtigen Entscheidungen vorbereitet. Neben den wirtschaftlichen Kriterien sind daher auch physische, psychische und soziale Bedingungen des arbeitenden Menschen zu beachten.

Lernkontrolle

1. Was versteht man unter „Wirtschaftlichkeit"? Geben Sie zwei Auffassungen wieder! (Antwort S. 98)
2. Wann ist die Wirtschaftlichkeit am größten? Geben Sie entsprechend zu den zwei Auffassungen zwei Antworten! (Antwort vgl. S. 98)
3. Formulieren Sie den Begriff „Rentabilität"! (Antwort S. 98)
4. Wann steigt die Rentabilität? Nennen Sie vier Variable, die zu einer Steigerung beitragen können! (Antwort S. 98f.)
5. Was könnte am Anlage- und Umlaufvermögen durch ein neues Verfahren eventuell eingespart werden? Nennen Sie je ein Beispiel! (Antwort S. 99)

Abb. 63: Lösung einer einfachen Wirtschaftlichkeitsrechnung

Kostenarten	Ist-Kosten (in DM pro Jahr)	Soll-Kosten (in DM pro Jahr)	Mehrkosten (+) Einsparungen (-)
Personalkosten	84.000	42.000	– 42.000
Maschinenkosten	19.200	40.000	+ 20.800
Kapitalkosten		6.500	+ 6.500
Sonstige Kosten (Raum-, Formular-, Energiekosten)	16.200 (10.800 1.800 3.600)	12.000 (7.200 3.000 1.800)	– 4.200
Ergebnis	119.400	100.500	–18.900

6. Nennen Sie drei „immaterielle Leistungen" eines neuen Verfahrens, die eventuell trotz höherer Kosten den Einsatz desselben rechtfertigen! (Antwort S. 98)
7. Wie führt man eine detaillierte Personalkostenermittlung durch? Beschreiben Sie den Weg anhand der Tabelle von Abb. 61! (Antwort S. 99)
8. Wie werden gemietete und gekaufte Anlagen in der Wirtschaftlichkeitsrechnung berücksichtigt? (Antwort S. 100)
9. Welche Kosten werden gewöhnlich unter dem Stichwort „Sonstige Kosten" zusammengefaßt? (Antwort S. 100)
10. Warum werden Kapitalzinsen nur auf die Hälfte des in den angeschafften Geräten oder Anlagen gebundenen Kapitals bezogen? (Antwort S. 100)
11. Erproben Sie die hier erlernte Arbeitstechnik der Wirtschaftlichkeitsrechnung an Beispielen aus dem Betriebsalltag! Beschaffen Sie sich Informationen über Personalkosten aus der Personalabteilung, über Geräte bei den entsprechenden Herstellern usw. Stehen Ihnen keine echten betrieblichen Zahlen zur Verfügung (vielleicht gibt man Ihnen nur ungern genaue Angaben über betriebliche Kosten), schätzen Sie die Zahlen so genau wie Sie können! Die Bedeutung der Wirtschaftlichkeitsrechnung als überzeugendes Mittel zur Durchsetzung von Verbesserungsvorschlägen kann kaum überschätzt werden. Ohne Wirtschaftlichkeitsvergleiche werden Organisationsvorschläge selten realisiert!

7 Ein Organisationsprojekt

Problemstellung

Fall 1: Welche Arbeitsschritte gehören zu einem Organisationsprojekt?

Die eingesetzten Betriebsmittel sind veraltet. Neue Mittel erfordern jedoch Änderungen in der Aufgabenverteilung und in den Arbeitsabläufen. Neue Stellen müssen gebildet werden. Da Sie sich gelegentlich bei der Lösung organisatorischer Fragen bewährt haben, werden Sie nunmehr mit einem Organisationsprojekt betraut. Sie sollen zunächst die alten Aufbau- und Ablaufstrukturen erfassen und danach neue Möglichkeiten aufzeigen. Enthalten die gemachten Vorschläge tatsächlich Verbesserungen? Wie führt man ein solches Projekt durch?

Fall 2: Wie verleiht man seinem Verbesserungsvorschlag mehr Durchschlagskraft?

Sie arbeiten in einem kleineren bis mittleren Betrieb, in dem es keine besondere Organisationsabteilung gibt. Es kommt immer wieder zur Überschreitung der Lieferfristen, Terminarbeiten werden nicht eingehalten. Sie untersuchen einige Arbeitsabläufe und machen Verbesserungsvorschläge.

Selbstverständlich sind viele Organisationsprojekte so kompliziert, daß sie nur von erfahrenen Organisationsfachleuten mit langjähriger Organisationspraxis durchgeführt werden können. Man denke nur einmal an die Einführung von Großanlagen der EDV, welche sich über mehrere Jahre erstreckt.

Andererseits gibt es aber auch zahlreiche Organisationsprobleme, die von Fachleuten der verschiedenen betrieblichen Ressorts zu bewältigen sind und oft auch ohne spezielle Organisationskenntnisse gelöst werden.

Allerdings wirken sich mangelnde Kenntnisse der organisatorischen Hilfsmittel oft so aus, daß nur „zweitbeste" Lösungen verwirklicht werden. Häufig läßt der starke Arbeitsdruck auch kaum grundsätzliche Überlegungen organisatorischer Natur zu, so daß aus dem Augenblick heraus improvisiert wird und einmal spontan eingeführte, *nicht weiter durchdachte Verfahren ein langes Eigenleben führen. Verbesserungen werden dann zwar grundsätzlich nicht ausgeschlossen, mit dem Hinweis auf Zeitknappheit oder auf „Arbeitsstörungen", welche durch Änderungsmaßnahmen hervorgerufen würden, immer wieder verschleppt.* Erst das gezielt eingesetzte, organisatorische Instrumentarium in Form von Arbeitsverteilungsplänen, grafischen Ablaufplänen, Stellenbeschreibungen, Wirtschaftlichkeitsvergleichen usw. kann die eingefahrenen Mißstände klar aufdecken und die mitunter vorhandene betriebliche Lethargie gegenüber organisatorischen Änderungen überwinden helfen. Der Organisator hat prinzipiell mit Widerstand zu rechnen. Er kann ihn oft nicht allein durch gute Vorschläge bezwingen, sondern er braucht au-

ßerdem zum Soll-Ist-Vergleich auch überzeugende Darstellungstechniken. Den Rest müssen Taktik und Einfühlungsvermögen besorgen. Die hier erklärten organisatorischen Arbeitstechniken können, wenn auch nicht so perfekt wie von einem erfahrenen Organisationspraktiker, so doch aber gerade im Arbeitsalltag gewinnbringend von den an Arbeitsverbesserungen interessierten Fachleuten aller Ressorts eingesetzt werden.
Nachfolgend werden die einzelnen Arbeitsschritte, die zu einem Organisationsprojekt gehören, erläutert. Zunächst wird ein Organisationsauftragsformular vorgestellt. Darauf folgt die Erklärung der beiden wichtigsten Ist-Aufnahmetechniken, der Fragebogen- und der Interviewtechnik. Ist-Darstellungsmethoden ebenso wie Prüffragen zur „Schwachstellenanalyse" werden zusammengestellt. Angaben, die in einen Soll-Vorschlag gehören, und Informationen über Aufgaben, die mit der Einführung von organisatorischen Neuerungen verbunden sind, schließen diesen Abschnitt ab.

Lernziel

Sie sollen künftig organisatorisch notwendige oder wünschenswerte Verbesserungen vorschlagen und einfachere Organisationsprojekte selbständig durchführen können. Bei größeren, komplizierteren Projekten sollen Sie entweder im Organisationsteam mitwirken oder wenigstens als auskunftsbereiter, über organisatorische Fragen gut informierter Ansprechpartner Ihre Dienste zur Verfügung stellen können. Im einzelnen sollen Sie

- zunächst in Ihrem Betrieb bzw. in Ihrem Arbeitsbereich bestehende Schwachstellen aufspüren können,
- Verbesserungsvorschläge in Form von Soll-Ist-Vergleichen unter Verwendung des hier erläuterten organisatorischen Instrumentariums machen können,
- gegebenenfalls Fragebogen- und/oder Interviewaktionen vorbereiten und durchführen können,
- einen Soll-Vorschlag erarbeiten und in der hier vorgeschlagenen Form darstellen können.

Lösung

Die meisten Organisationsprojekte, die in der Praxis durchgeführt werden, betreffen folgende Problemkreise:

- Stellenbeschreibungen
- Arbeitsablaufuntersuchungen
- Abteilungs- und Stellenbildungen
- Umstellung von Aufgaben auf EDV
- Einführung sonstiger neuer Arbeitsverfahren, Maschinen oder Richtlinien (Formularwesen, Führungstechniken, Fertigungsverfahren etc.)
- Wirtschaftlichkeitsanalysen
- Arbeitsplatzstudien

Nennen Sie ein Organisationsprojekt, dessen Durchführung Sie in Ihrem Betrieb befürworten würden:

____

Die Vorgehensweise ist davon abhängig, ob es sich um kleinere oder größere Projekte oder um spezielle EDV-Projekte handelt. Bei EDV-Projekten muß wiederum unterschieden werden, ob EDV-Anlagen bereits zur Verfügung stehen und genutzt werden oder ob eine Installation und damit eine Einführung einer Anlage in den Betrieb beabsichtigt ist. In der Regel wird ein Organisationsprojekt jedoch mindestens folgende Arbeitskomplexe umfassen:

1. Organisationsauftrag
2. Ist-Analyse
3. Soll-Vorschlag
4. Einführung

Vom Soll-Vorschlag kann noch die Phase „Detailplanung" herausgelöst und als eigenständiger Arbeitskomplex behandelt werden. Bei EDV-Projekten folgt auf die Detailplanung noch die Phase der *„Programmierung"*. Darunter versteht man heute in der Regel die Verschlüsselung der Arbeitsbefehle für den Computer in eine ihm verständliche Sprache.[1]

[1] Der an EDV-Projekten interessierte Leser wird verwiesen auf: Adams, K., Organisationslehre und Datenverarbeitung, a.a.O., sowie Adams, K., Kiederich, K., Systemanalyse, Arbeitstechniken der EDV-Organisation, Köln, Opladen 1973.

Organisationsauftrag

Zu Beginn eines Organisationsprojekts muß ein Organisationsauftrag erteilt werden. Dieser sollte folgende Informationen enthalten:

1. Bezeichnung des Auftrags (Name und ggf. Nr.)
2. Auftragsgrundlage (z. B. Anweisung durch Vorstand)
3. Zielsetzung des Organisationsprojekts
4. Untersuchungsbereich
5. Auftragsleiter/Stellvertreter
6. Projektbeginn und -ende (voraussichtlich)
7. Ausführende(r) Aufgabenträger
8. Einzelaufgaben mit den Angaben:
   a) laufende Nr.
   b) Bezeichnung
   c) Beginn/Ende

Einzelaufgaben des Organisationsauftrags können zum Beispiel folgende sein: Personalschulung, Ist-Aufnahme, Ist-Darstellung, Ist-Kritik, Soll-Entwurf, Detailplanung, Wirtschaftlichkeitsanalyse, Personal-, Raum-, Maschineneinsatzplanung oder auch Personalerhebung, Aufgaben- und Arbeitslisten erstellen, Arbeitsverteilungsplan anfertigen, Schwachstellenanalyse, Soll-Vorschlag erarbeiten usw.

In Abb. 64 ist ein Formular für einen Organisationsauftrag angegeben. Füllen Sie dieses Formular aus, indem Sie einen beliebigen, von Ihnen in Ihrem Betrieb als sinnvoll angesehenen Organisationsauftrag annehmen! Zählen Sie dabei mindestens drei Einzelaufgaben auf und schätzen Sie die Zahl der benötigten Wochen! Das Auftragsformular kann ergänzt werden durch Zusatzblätter mit Informationen über die Kosten des Organisationsauftrags (z. B. Arbeitszeit der beteiligten Personen × Personalkosten), die Art der Dokumentation des Projekts (z. B. entscheidungsorientierte Ablaufdarstellungen, Tätigkeitslisten . . .), die notwendigen Arbeitskontrollen (z. B. durch Berichterstattung) und zusätzlich benötigtes Personal.

Eine zusammenfassende Übersicht über die Arbeitsschritte bei einem Organisationsprojekt kann Ihnen als Leitfaden dienen:

Auftragserteilung

- Festlegung der angestrebten Zwecke des Projekts
- Bestimmung des Projektleiters bzw. des Projektteams (z. B. Mitarbeiter der Organisationsabteilung, der Personalabteilung, der betriebswirtschaftlichen Abteilung)
- Formulierung des Organisationsauftrags (siehe Musterformular in Abb. 64, Ziele nennen, Arbeitsablauf zumindest grob umreißen)
- Umfassende Information der Mitarbeiter (wichtig!), zunächst allgemein, im Verlauf der Projektdurchführung genaue Anleitungen zum Ausfüllen von Listen etc. Inhalt: 1. Vorteile für die Mitarbeiter aufzählen, 2. Projektablauf darlegen (insbesondere Art der Ist-Aufnahme), Gefahr finanzieller Nachteile ausschließen. Es soll nicht über die Köpfe anderer hinwegrationalisiert werden. Daher ist eine aktive Beteiligung aller betroffenen Stellen erwünscht. Das fördert auch die Einsicht in die Notwendigkeit mancher Änderung.

Ist-Analyse

- Vorbereitung: Festlegen der Untersuchungsmethode, Erarbeitung eines Fragenkataloges (was will man erfassen?), Erstellen von Formularen zur Ist-Erfassung
- Ist-Erfassung: Informationsblatt mit genauen Anweisungen zum Ausfüllen, Ist-Aufnahme an den Arbeitsplätzen.
- Ist-Darstellung: Zusammenfassende Darstellung der Ergebnisse in tabellarischer oder grafischer Form.
- Ist-Kritik: Unterlagen auswerten, Schwachstellen aufspüren, Ist-Zustand anhand von Prüffragen kontrollieren, mögliche Verbesserungen erfassen.

Soll-Vorschlag

- Konzeption: neue Arbeitsabläufe konzipieren, Einsatz neuer Maschinen, erforderliches Personal ermitteln.
- Soll-Ist-Vergleich: Gegenüberstellung (grafisch: Arbeitsabläufe, tabellarisch: Aufgabenverteilung usw.), Vor- und Nachteile zusammenstellen.
- Wirtschaftlichkeitsrechnung: Einsparungen und Mehraufwendungen erfassen, Realisierbarkeit des Neuvorschlags überprüfen.
- Genehmigung: Entscheidung durch Geschäftsleitung, Soll-Entwurf enthält Soll-Ist-Vergleich und Wirtschaftlichkeitsrechnung, ggf. mehrere Alternativen, Vor- und Nachteile jeder Lösung

---

Organisationsauftrag

Bezeichnung:	Nr:

Untersuchungsbereich	Projektbeginn: Projektende:	Auftragsgrundlage:

Zielsetzung:

Auftragsleiter:	Stellvertreter:	Ausführende(r) Aufgabenträger:

Nr.	Einzelaufgaben	Dauer (in Wochen)	Beginn		Ende		Bemerkungen
			Soll	Ist	Soll	Ist	

Abb. 64: Formular eines Organisationsauftrages

Detailplanung

- Bestellung: Erforderliche Maschinen, benötigtes Personal, Material usw.
- Arbeitsbeschreibungen: Arbeitsrichtlinien, ggf. Stellenbeschreibungen, Formulare ausarbeiten etc.
- Schulung, Information

Einführung

- Einsatzplanung: Maschinen, Personal, Raum, Zeit . . .
- Durchführung: Installation, Einweisung, Inkraftsetzung
- Erfolgskontrolle: Projektziele und tatsächliche Ergebnisse werden verglichen.

Ist-Analyse

Die Ist-Analyse besteht im Kern aus der Erfassung, Darstellung und Kritik des bestehenden Zustands in dem betreffenden Untersuchungsbereich:

1. Ist-Aufnahme
2. Ist-Darstellung
3. Ist-Kritik

1. Ist-Aufnahme

Die bestehenden Verhältnisse werden durch Fragebogen, Interview, Beobachtungen, Inventur, Konferenz oder Interpolation erfaßt. Aufzunehmen sind: Datenbestände, Datenfluß, Verarbeitungsschritte, -mengen, -zeiten und Hilfsmittel. Von Praktikern wird in der Regel folgende Vorgehensweise befürwortet:

An erster Stelle steht aus Wirtschaftlichkeitsgründen der *Fragebogen.* Er leitet die Untersuchung zumindest ein. Bleiben danach Fragen offen, können diese entweder durch einen weiteren Fragebogen oder, was wesentlich häufiger vorkommt, durch persönliche Gespräche in Form eines *Interviews* beantwortet werden. Bei der Zusammenstellung der Fragen sowohl für Fragebogen als auch für Interviews sind drei Hilfsmittel nützlich: ein Aufgabengliederungsplan der betreffenden Abteilung, der Personalerhebungsbogen (Abb. 40) und die beiden Prüfkataloge aus Kapitel 4.

a) Fragebogen

Fragebogen können je nach Untersuchungsziel Personalerhebungsbogen, Tätigkeitslisten oder *Prüflisten* sein. Ein Beispiel einer Prüfliste zeigt Abb. 65 auf Seite 109 (ausschnittweise).

Die Fragen sollen leicht verständlich, eindeutig und bewertungsfrei sein. Ein Rückgabetermin ist auf dem Fragebogen zu vermerken. *Fragebogen* sind besonders *vorteilhaft bei Routineaufgaben* zu verwenden.

Aufgabe

Eine Ihnen bekannte Routineaufgabe soll auf EDV übernommen werden. Dazu müssen genaue Informationen über die Arbeitsergebnisse erfaßt werden. Stellen Sie (wenigstens ausschnittweise) einen Fragenkatalog mit konkreten Fragen zu der betreffenden Aufgabe zusammen! Fertigen Sie dazu erst einen detaillierten Aufgabengliederungsplan an und benutzen Sie dann den allgemeinen Prüfkatalog in Kap. 4 als Hilfsmittel beim Aufstellen der einzelnen Fragen!

b) Interview

Ein Interview wird dann erforderlich, wenn nicht Routineaufgaben (exakt und einfach beschreibbare, quantifizierbare Aufgaben), sondern kompliziertere Aufgaben erfaßt werden sollen. Es ist allerdings zu bedenken, daß Interviews in Form von Einzelgesprächen relativ zeit- und kostenaufwendig sind. Der besondere *Vorteil der Interviews* liegt darin, daß auftretende Unklarheiten und Mißverständnisse gleich ausgeräumt werden können.

Man kann zwei Arten von Interviews unterscheiden: das *Kontaktinterview* und das *Fakteninterview.* Ersteres geht letzterem voraus. Es dient dazu, Informationen über das geplante Projekt weiterzugeben und eine Vertrauensbasis zum Gesprächspartner zu gewinnen. Das zweite, das Fakteninterview, ist die eigentliche Erhebung. Es dient dazu, den Ist-Zustand des Untersuchungsbereichs zu erfassen. Folgender Ablauf des Gesprächs erscheint zweckmäßig:

1. Name/Stelle/Abteilung.
2. Aufgaben und ihre Einordnung in die betreffenden Arbeitsabläufe.
3. Informationsfluß und -bearbeitung (wie werden Formulare, Belege, Karteien und sonstige Unterlagen bearbeitet, woher kommen sie, wohin gehen sie? In allen Details! Rechenregeln, Verarbeitungsschritte, Muster beifügen).
4. Benutzte Maschinen und Geräte.
5. Arbeitsmengen, -zeiten usw.
6. Störungen, Fehlerquellen, Engpässe, Verbesserungsvorschläge.

Interviews sollten sachlich, freundlich, niveauangemessen, flexibel, bewertungsfrei geführt werden. Einfühlungsvermögen, Geduld, Kontaktfähigkeit sind weitere Kennzeichen eines guten Gesprächs. Sofortanalysen sollten unterbleiben. Fakten und Meinungen sind zu trennen. Ein „Teilschrittbewußtsein" sollte geweckt werden.

2. Ist-Darstellung

Die verbale Darstellung des Ist-Zustandes sollte so viel wie möglich durch Tabellen, Grafiken, Listen, Berechnungen ergänzt oder, besser noch, ersetzt werden. An dieser Stelle braucht nur auf die im Buch ausführlich behandelten Darstellungstechniken verwiesen zu werden:

- Aufgabengliederungspläne
- Organisationspläne
- Personalerhebungsbögen
- Tätigkeitslisten
- Aufgaben- und Arbeitslisten
- Arbeitsverteilungspläne
- Stellenbeschreibungen
- Arbeitsablaufgrafiken
- Kostenübersichten

Die Ist-Darstellung wird ergänzt durch Muster der im Untersuchungsbereich benutzten Formulare, Karteiblätter etc.

A. Grundsätzliche Fragen (an Geschäftsführung oder entsprechendes Organ)

1. Aufgabe (Zweck) des Betriebes?
2. Beschäftigungszahl?
3. Umsatz pro Jahr (ggf. nach Produktgruppen)?
4. Bilanzwert des Anlagevermögens?
5. Organisationsplan und Geschäftsverteilungsplan vorhanden? (ggf. beifügen)
6. Welche organisatorischen Probleme bestehen?

B. Lagerhaltung (an Lagerleiter)

1. Welche Güter(-gruppen) werden gelagert?
2. Welche Läger werden dafür unterhalten?
3. Nach welcher Systematik werden die Güter gelagert?
4. In welcher Form sind die Güter gelagert (Paletten, Boden-, Kistenstapel, Regale etc.)?
5. Anzahl gelagerter Güterpositionen je Lager? (ggf. einschließlich Schwankungen pro Monat)
6. Wert der gelagerten Güter je Lager?
7. Existieren Schlüsselnummern (z. B. Artikelnummern)?
8. Stellenzahl? Klassifizierung?
9. Hat jedes Gut einen bestimmten Lagerort?
10. Ist jeder Lagerort mit einer (Schlüssel-)Nummer versehen?
11. Sind die Güter verpackt? Gibt es Anbrüche? Wie werden letztere erfaßt?
12. Wer stellt den Bedarf zur Nachbestellung fest?
13. Wird nach Plan oder nach Verbrauch bestellt?
14. Wann wird bestellt?
15. Wie wird der Bedarf ermittelt (mit Beispiel)?
16. Gibt es Mindestbestände oder -bevorratungszeiten?
17. Von wem werden sie nach welchen Gesichtspunkten festgelegt?
18. Von wem, wann und wie wird der Bestand geprüft?
19. Werden Überbestände oder zu hohe Bevorratungszeiten festgestellt? (Durch wen, wie?)
20. Was wird nach welcher Zeit mit eventuell vorkommenden Lagerhütern gemacht? usw.

Bitte Muster (benutzte Formulare, Listen, schriftliche Arbeitsunterlagen) beifügen!

Abb. 65: Fragebogen (Ausschnitt)

3. Ist-Kritik

An die Ist-Darstellung schließt sich die Ist-Kritik, die auch „Schwachstellenanalyse" genannt wird, an. Sie erfolgt durch „Prüffragen" eines *Prüffragenkataloges:*

Prüffragenkatalog (ausschnittweise), vgl. auch die Kataloge auf den Seiten 76 und 77)

Sind die verwendeten Hilfsmittel angemessen (betrifft Maschinen, Bürogeräte etc.)?
Sind die Aufgaben, Kompetenzen und Verantwortungsbereiche klar abgegrenzt?
Sind die Unterstellungsverhältnisse eindeutig?
Funktioniert der Informationsfluß einwandfrei?
Gibt es Störungen im Arbeitsablauf?
Sind die Lieferfristen zu lang? Werden Terminarbeiten überschritten?
Sind die benutzten Formulare zweckmäßig gestaltet?
Sind die Kapazitäten voll genutzt?
Bestehen klare Arbeitsrichtlinien?
Sind Parallel- oder Doppelarbeiten vorhanden?
Wie sieht die künftige Entwicklung aus? (konstant, gibt es Änderungen?)
usw.

Soll-Vorschlag

Der Soll-Vorschlag enthält die Aufbau- und Ablaufstrukturen, wie sie nach der Schwachstellenanalyse und unter Berücksichtigung der Verbesserungsvorschläge aussehen sollen. Er wird durch eine Gegenüberstellung von Leistungen und Kosten des alten und des neuen Arbeitsverfahrens abgeschlossen. Im Wesentlichen werden die gleichen Darstellungsmittel verwendet wie bei der Ist-Darstellung, nur daß jetzt die verbesserten Strukturen und Abläufe in den Listen und grafischen Darstellungen aufgezeigt werden. Es kann auf den entsprechenden Teil der Ist-Analyse verwiesen werden. Der *Soll-Vorschlag* soll in einer äußerlich ansprechenden Form *zur Entscheidung vorgelegt* werden. Er enthält im einzelnen folgende Angaben:

---

1. Deckblatt (Bezeichnung des Proiekts, Nr., Verantwortlicher Leiter, Datum)
2. Inhaltsübersicht
3. Projektauftrag und -ziele
4. Soll-Ist-Vergleich (Aufbau bzw. Ablaufstruktur)
5. Erforderliche Arbeitskräfte und Betriebsmittel (gegebenenfalls nur Änderungen)
6. Wirtschaftlichkeitsrechnung
7. Zusammenfassung

Wegen der mitunter recht langen Lieferzeiten ist bereits jetzt an die Bestellung der Maschinen zu denken. Auch die Auswahl und Einstellung des benötigten Personals ist ggf. einzuleiten. Die für ein reibungsloses Funktionieren erforderlichen Arbeitsbeschreibungen in Form von Arbeitsrichtlinien oder Stellenbeschreibungen sind anzufertigen. Mitarbeiter sind wiederum zu informieren und ggf. zu schulen. Neue Formulare müssen vorbereitet werden.

Einführung

Neue Arbeitsverfahren müssen eingeführt werden. Personal muß eingewiesen und eingearbeitet werden. Betriebsmittel sind zu erproben. Innerhalb der *Arbeitsvorbereitung* sind Arbeitskräfte und Betriebsmittel zeitlich und räumlich zweckmäßig zu verteilen. Entsprechende *Kapazitätsauslastungspläne* sind zu erstellen. Dies alles geschieht nach einem für diese Zwecke zu erarbeitenden *Einführungsplan,* denn schließlich soll sich die neue Organisation möglichst rasch bewähren und der mit der Umstellung zwangsläufig verbundene Reibungsverlust minimal sein.